戦国武将・闇に消されたミステリー

いまだ解けない80の謎

三浦　竜

PHP文庫

○本表紙図柄＝ロゼッタ・ストーン（大英博物館蔵）
○本表紙デザイン＋紋章＝上田晃郷

まえがき

世の中が大きく動くとき、「人」は現れる。日本の歴史においても、たとえば平安貴族に代わって武士が台頭してきた源平の時代、全国各地に群雄が割拠した戦国の時代、徳川長期政権を覆《くつがえ》した幕末の時代などには、英雄、奸雄、豪傑、策士などが次々と現れ、数々のドラマを後世に残している。

そのなかでも、戦国時代はまさに群雄割拠の時代にふさわしく、日本の歴史で最も多くの「人」を輩出した時代といっていいだろう。いま、戦国時代という言葉を耳にすれば、おそらく多くの日本人が、武田信玄をはじめ上杉謙信、織田信長、豊臣秀吉、徳川家康など、戦国武将の一人や二人の名前なり肖像画を頭に浮かべるにちがいない。そのくらい、戦国武将は日本人の心のなかに宿っているわけだが、なぜ戦国武将はかくも日本人を魅了するのだろうか？

その理由は、第一に、個性豊かな英雄、奸雄たちが実に大勢、歴史の舞台に登場することである。これだけ登場人物が多ければ、必ず自分の好みや価値観に合う魅力ある人物に出会うことができ、戦国時代がぐっと身近なものに感じられるのだろう。第二の理由は、戦国時代が謎に満ち、ミステリアスなことである。「戦国ロマン」という言葉があるように、信玄と謙信の一騎討ちや本能寺の変、関ヶ原の戦いなど、戦国時代にはいまも日本人の心を揺さぶる数々の名場面がある。ところが、名場面であればあるほど謎に満ちており、われわれが伝え聞くところのいわゆる通説とは別の異説、新説が多く、それがまた名場面を新しく書き換え、さらに歴史ロマンを膨らませてくれるのだ。

本書では、この魅力溢れる戦国時代をいま一度振り返り、いまだ解けない謎について現代の視点から迫ってみた。その試みのなかで、これまでわれわれが学んだり伝え聞いたりしたものとは違う解釈も、あえて提示させていただいた。先学から見れば荒唐無稽と一笑に付されるものもあるかもしれないが、歴史ロマンを膨らませることに少しでも役立てば本望である。

また、「序章」を意味する「プロローグ」を各章の冒頭に入れるという変則的な構成をあえてとった。各章の謎を追うにあたって、少しでも臨場感溢れる場面を思い浮かべ、歴史ロマンを膨らませていただきたいと思う。

最後に、本書の執筆にあたって、PHP研究所の越智秀樹氏、根本騎兄氏、および日本クリエート社の川北義則氏には大変お世話になった。この場を借りて感謝申し上げたい。

平成十七年四月吉日

三浦　竜

戦国武将・闇に消されたミステリー　目次

まえがき

第1章　本能寺の変の謎

第2章 関ヶ原の戦いの謎

第3章 川中島の合戦の謎

第4章 下剋上の時代の謎

第5章 織田信長の時代の謎

第6章 豊臣秀吉の時代の謎

第7章 徳川家康の時代の謎

本文イラスト――垂井ひろし

第1章
本能寺の変の謎

プロローグ

天正十年（一五八二）六月一日夕刻、明智光秀は丹波亀山城（京都府亀岡市）を発《た》ち、一万三千の軍勢を引き連れて老《おい》の坂（京都府亀岡市から京都市西京区にかけて）に向かっていた。将兵たちには、中国出陣にあたって信長公が軍兵を検閲するので京に向かうと偽った。しかし、重臣の明智秀満、明智次右衛門、藤田伝五、斎藤利三《としみつ》、溝尾庄兵衛には、主君・織田信長を討ち果たし、天下を取る意向をすでに打ち明けてあった。五人の重臣は光秀の告白に誰一人として異議を唱えず、即座に同意した。

老の坂からは、右へ行けば山崎・天神馬場を経て摂津街道へ、左へ行けば京へ出る。すでに夜も更けていた。軍勢は予定どおり左へ下り、桂川を越えたところで光秀は全軍を停止させた。そして、ただちに、「馬の轡《くつわ》を切り捨てよ」「新しい草鞋《わらじ》に履き替えよ」「火縄に口火をつけよ」と臨戦態勢を命じた。将兵たちの間に緊張感が漂った。すると、光秀は全軍に向かって、初めて本心を打ち明けた。

「敵は本能寺にあり。これより本能寺を襲撃する」

軍勢は思いがけぬ命令に束の間動揺したが、誰もが主君の命ずるまま本能寺へと進軍した。すでに空は白み始めていた。軍勢は本能寺に到着すると、すぐさま包囲し、鬨《とき》の声を上げながら四方から乱入した。この騒ぎを、信長も側近の森蘭丸も、始めは下々の者たちが喧嘩でもしているのだと思った。ところが、鬨の声や鉄砲の音を聞くに及び信長に対する謀反《むほん》と気づいた。蘭丸はすぐに信長のもとへ走った。

「誰のしわざだ？」

「明智の軍勢と見受けます」

「是非に及ばず」

信長はそう言うと、弓を取り防戦した。弓の弦が切れると、別の弓に取り替えて射続けた。矢が尽きると、そのあとは槍で戦った。しかし、肘《ひじ》を槍で突かれ傷ついた。信長はもはやこれまでと思うと、付き添っていた女房衆に言った。

「女たちはもうよいから、急いで逃げよ」

信長は女房衆を脱出させると、御殿に火を放ち、奥に入り、内側から納戸の戸を閉めて切腹し、果てた。

「人間五十年、下天《げてん》のうちにくらぶれば、夢幻のごとくなり」と幸若舞《こうわか》いの

「敦盛」を好んで舞った男の四十九年の生涯は、こうして幕を閉じた。

＊

本能寺の変は戦国時代における最も衝撃的な事件と言ってよいだろう。しかも、この事件は、天下取りを目前にした不世出の英傑をこの世から抹殺してしまったことで、のちの日本に大きな影響を与えた。つまり、もし織田信長が存命であれば、はたして羽柴秀吉の天下取りは可能だったのか、あるいはまた、そのあとの徳川長期政権も確立できたのかなど、近世の日本がまったくちがうものになっていた可能性もあるのだ。

それほど、本能寺の変は日本の歴史にとって重要な事件であるにもかかわらず、実はいまだ解明できない謎をたくさん抱えている。本能寺の首謀者は明智光秀なのか、それとも背後に黒幕がいたのかという謎をはじめ、なぜ信長は討たれたのかという根本的な謎についても明らかになっていない。

謎はそれだけにとどまらず、なぜ信長は無防備同様な手勢で本能寺に宿泊したのか、なぜ秀吉はかくも速く中国から京に返すことができたのかなど、事件をつぶさに見ていくと、実に多くの謎に直面する。

本章では、こうした本能寺の変をめぐるさまざまな謎を追うことで、事件の裏に隠された当時の戦国大名や天皇、将軍などの思惑に迫っていきたい。

01 明智光秀が詠んだ句は天下取りの決意表明だったのか？

天正十年（一五八二）五月二十八日、明智光秀は京の愛宕山《あたご》にいた。ここへは前日に訪れ、光秀は山頂の愛宕神社の神前で何事かを占い、おみくじを二度、三度引いた。そして、その夜は愛宕山に参籠《さんろう》した。

翌日の二十八日、光秀は愛宕神社内の西坊《にしのぼう》威徳院で連歌の会を催した。会には西坊、里村紹巴《じょうは》らが集まった。そこで光秀は、次のような発句《ほっく》を詠んだ。

「ときはいまあめが下《した》しる五月かな」

この句に紹巴は一瞬顔色を変え、光秀の顔をうかがった。光秀はまた、この連歌の会の最中に、ふと「本能寺の濠は深いのか？　浅いのか？」と問うた。紹巴は驚き、「あらあら、おそれおおいことを」と言うと、光秀は我に返り、あわてて口をつぐんだ。さらに、光秀は会席に出された粽《ちまき》を笹の葉もむかずに口にするという失態を見せた。

以上は、資料をもとに想像した五月二十七、二十八日の光秀の言動である。本能寺の変は六月二日の早朝に起きているので、五月二十七、二十八日は異変の数日前にあたる。この連歌の会で詠まれた光秀の句に、主君・織田信長を討ち、自らが天下を取ろうという光秀の決意が隠されている、というのが後世の通説である。

すなわち、「とき」は明智氏の源流である土岐《とき》氏の「土岐」を、「あめが下しる」は「天下を治める」を意味し、この句は「いまこそ土岐氏が天下を取るときだ」という光秀の決意表明だというわけである。

はたして光秀は、本当にその思いで句を詠んだのだろうか？

後日、羽柴秀吉が光秀を討ったあと、秀吉は紹巴に「あの句は天下を奪おうという心の表れではないか？」と責めた。紹巴は、「本当は、あめが下しるではなくて、あめが下なるでした」と弁解したが、それでも疑う秀吉に請われ、愛宕山から懐紙（発句を書いた紙）を取り寄せた。

そこには「あめが下しる」と書かれていたが、紹巴は泣きながら言った。「懐紙が削られ、書き換えられています」と。すると同席者も同調し、秀吉はようやく紹巴を許した。

実は懐紙は、光秀が討たれたあとに、紹巴が「しる」の部分を一度削り、再度「しる」と書き直したものだったという。

いずれにしても、この句だけで光秀の決意を測るのはむずかしいかもしれない。

しかし、五月二十七、二十八日の光秀の言動を見ると、やはり、そう考えるのが妥当に思える。なぜなら、この両日の十日程前の五月十七日、光秀は信長から突然、徳川家康の饗応《きようおう》役を免ぜられ、中国で毛利勢と対峙する秀吉の援軍を命じられたからである。

万事にそつのない光秀にとって突然の罷免は納得がいかなかったにちがいない。また、援軍としての出陣は秀吉の指揮下に入ることを意味した。したがって、饗応役の罷免も秀吉の援軍も、光秀のプライドを傷つけたことは想像にかたくない。

しかしながら光秀は、君命に従い出陣の準備のために坂本城に帰り、ここで二十六日まで居城している。

この間に光秀は、信長がわずかな小姓衆を従えただけで上洛することを知り、謀反の意思を固めたのではないだろうか。

そして、二十七日。愛宕神社は本殿に勝軍地蔵を祀っていたので、ときの戦国武将は戦勝祈願によく訪れた。そこで光秀の参詣も、周囲の者の目には中国出陣に備えての戦勝祈願と映ったにちがいない。

しかし、このとき光秀が戦勝を願ったのは別の戦だった。二度も三度も引いたおみくじに、光秀は決心がついたのだろう。翌日の連歌の会で、自らを鼓舞するように冒頭の決意の句を詠んだのである。

02 明智光秀はなぜ六月二日に本能寺を襲撃したのか？

本能寺の変は天正十年（一五八二）六月二日に起きた。五月でもなければ、七月でもなく、六月の初旬に起きた。本能寺の変を、明智光秀の「単独説」と見るにしても、あるいは光秀の背後に別の人物がいたとする「黒幕説」にしても、光秀はなぜ六月二日に主君・織田信長に対するクーデターを決行しようと考えたのだろうか？

もし、光秀が前日の六月一日に本能寺襲撃を思い立ったのであれば、亀山城からの進軍の時間があるので、たまたま六月二日の明け方になったという説も成り立たないではない。しかし、日頃から冷静沈着にして慎重な光秀が、たとえ信長に対する激しい憎悪の念から襲撃を思い立ったとしても、その日のうちに行動に出るとは考えがたい。

それでは、光秀が六月一日よりもっと前にクーデターを決意したとすると、光秀は決行の日をどう考えただろうか？　怜悧《れいり》な光秀のことであるから、当然、やみくもに日を決めるのではなく、クーデターの成功を確信できるチャンスが来るまでじ

っと待っていたはずである。そして、そのチャンスが、六月二日に到来した。

なぜ六月二日が襲撃のチャンスだったかと言うと、この日、信長の周辺は警護がきわめて手薄だったからである。信長は五月二十九日、京に到着し、本能寺に入ったが、同行した従者はわずか数十名だったという。

信長の嫡男・織田信忠は、本能寺から一キロメートルほど離れた妙覚寺に宿泊していた。信忠は一千五百の兵を率いていたといわれるが、兵は京の街にばらばらに分宿していた。

また、信長の軍団を支えていた勇猛果敢な部将たちは、その日、京にはいなかった。柴田勝家は越中（富山県）で上杉氏と、羽柴秀吉は中国で毛利氏と、滝川一益は上州（群馬県）で北条氏と、それぞれ戦場で対峙していた。信長の三男・信孝は丹羽《にわ》長秀とともに大坂にいたが、四国の長宗我部《ちょうそかべ》氏を攻撃する準備で大わらわだった。

信長と同盟を結んでいた徳川家康は、堺で物見遊山《ものみゆさん》の最中であり、援軍に駆けつけるどころか、自分の命さえ危ない状況だった。

このように、京に兵を率いて陣取っていたのは、中国出陣のために軍備を整えていた光秀の一万三千の軍団だけだったのである。こんなチャンスはまたとない。前日の六月一日は、信長が本能寺に勅使や公家などを招いて大茶会を開く。その夜、信長をはじめ従者一同が疲れて床につくことも、光秀は計算していただろう。

また、信孝と丹羽長秀の四国出陣は、六月二日とされており、光秀は是が非でもこれを阻止しなければならなかった。というのは、光秀と四国の長宗我部元親《もとちか》とは友好関係にあり、クーデター成功後の援軍として最もあてにできた戦国大名だからである。その元親が信長の軍団に壊滅させられては、クーデターのチャンスは二度と来なくなる。

さらにまた、六月四日には信長が中国、四国制圧のための出陣を予定していた。信長が本能寺に滞在するのは四日間。そのうちの二日は過ぎ、残すは二日間だけであった。こうして光秀は、ぎりぎりの六月二日に本能寺を襲撃したのである。

03 織田信長はなぜ無防備に近い手勢で本能寺に滞在したのか？

天正十年（一五八二）五月二十九日、織田信長は京に上り、本能寺に入った。随行した従者はわずかで、『信長公記《しんちょうこうき》』によれば「お小姓衆二、三十人」であったという。小姓とは日常、貴人のそばに召し抱えられ、身の回りの世話をする者である。多くは少年であり、信長の小姓のなかには有名な森蘭丸がいた。本能寺の変で蘭丸が最期まで必死に防戦したように、小姓といえどもいざというときには主君を守るために戦う兵士である。しかし、信長の軍団の主力部隊でないことは言うまでもない。

そんな小姓を数十人従えただけで寺に寝泊りするというのは、戦国大名、戦国武将としてはあまりに無防備、無警戒すぎる。いつ寝首を掻かれてもおかしくないのが、戦国の世である。ましてときの信長は、天下一統を目前にしたきわめて重要な時期にいた。天下一統のあとにはなすべきことが山積している。一瞬たりとも気が抜けない日々であったはずである。また、そのことは信長本人がいちばんわかっていたにちがいない。

そうであるのに、なぜ信長は無防備に近い手勢で本能寺に寝泊りしたのだろうか？『信長公記』には、その理由として、中国出陣を控え、安土城に主力部隊を待機させたからである、と記されている。たしかに信長は、六月四日には羽柴秀吉が毛利軍と対峙している中国地方へ出陣するつもりだった。安土城の主力部隊にはその準備が必要であり、信長の命令があり次第出陣できる態勢をつくらねばならなかった。だからといって、小姓しか随行させなかったというのは、どうにも解せない話である。

この謎を解く鍵は、『信長公記』やフロイスの『日本史』などに残されている、当時の人々の事件に対する見方にあると思う。

まず『信長公記』によれば、明智光秀の軍勢が乱入したとき、信長もお小姓衆も下々の者たちが喧嘩をしていると思ったという。

また『日本史』によれば、その朝、本能寺の近くの教会にキリシタンがやってきて「御殿（本能寺）の前で騒ぎが起こっている」と知らせている。そして、まもなく次の使者がやってきて「あれは喧嘩ではない」と言って、光秀の謀反を知らせたという。さらに『日本史』には、市井《しせい》の人々の見方として、事件が「意表をついたこと」であり、「たまたま起こった何かの騒動」としか思われなかったことも記されている。

こうした資料から推察できるのは、当時の京の市内では戦乱は考えられなかった、ということである。なぜ人々はそう考えたのだろうか？　京には朝廷があるからだろうか？　しかし、古くは応仁の乱により京の街は荒廃し、また永禄八年（一五六五）には将軍の足利義輝が襲撃されているから、朝廷の存在は理由にならない。

思うに、人々が「まさか京で戦が起きるとは……」と考えたのは、もはや京は信長のものであり、京はもちろんのこと畿内で信長に刃向かう者は誰一人としていない、というのが一般通念だったのではないだろうか。

強大な抵抗勢力であった石山本願寺も信長の前に敗れ去り、甲信越の脅威であった名族・武田氏も滅んだ。あとは中国に毛利氏、四国に長宗我部氏、越中に上杉氏、関東に北条氏などが武威を誇っていたが、いずれも京からは遠い。

よって、京で信長の命を狙おうという者などいない、というのが衆目の一致するところだったにちがいない。信長もまた、そう考えていた。唯一の懸念は、光秀だった。人間洞察力に優れていた信長は、光秀が自分に不満を超えた感情を抱いているのは見抜いていた。しかし、「わしに刃を向けるほど愚かではあるまい」とたかをくくっていた。その驕《おご》りが、信長の過ちであり、命取りになったのである。

04 織田信忠はなぜ退去しないで二条御所で戦ったのか？

本能寺で織田信長が明智光秀に襲撃されたとき、信長の嫡男・信忠は妙覚寺内の寝床にいた。変事の報《しら》せを受けた信忠はすぐに起き上がり、本能寺に向かおうとした。するとそこへ、京都所司代《しょしだい》の村井貞勝が駆けつけ、「本能寺は焼け落ちました。敵は必ずここにも攻めてくるでしょうから、堅固な二条御所に立て籠って戦ったほうがよいでしょう」と進言した。

そこで、信忠は軍勢を引き連れ二条御所に移り、東宮と若宮を内裏《だいり》に送り出し、光秀勢の襲撃に備えた。まもなく光秀の軍勢が押し寄せ、信忠の軍勢も果敢に防戦したが、多勢に無勢で信忠勢の敗色が濃くなり、ついに信忠は鎌田新介に介錯《かいしゃく》を命じ、切腹して果てた。

こうして織田信長・信忠の父子は一日にして世を去り、天下に武威を誇った織田氏の威光は急速に輝きを失っていったのだが、なぜ信忠は光秀勢の手から逃げようとしないで、二条御所に移ってまで戦ったのだろうか？

光秀の軍勢は一万三千。対する信忠の軍勢は一千五百。およそ十分の一の兵力である。負け戦になることは目に見えていた。戦国武将はたとえ父親が目の前で殺されたからといって、それに感情を乱されて無謀な戦を指揮するようなことはない。もし、その場に信長がいれば、「この場はいったん立ち去り、態勢を整えてから攻撃せよ」と命じたにちがいない。

実際、二条御所での評議の席で、「退去なさったほうがよろしい」と信忠に進言した者もいた。ところが信忠は「これほどの謀反であれば、敵は我々を逃しはしないだろう。雑兵の手にかかって死ぬことは不名誉なことであり、無念である。それよりは、ここで腹を切ったほうがよい」と言って、退去を拒んだ。

つまり信忠は、光秀の謀反と聞いて、「父・信長を討つなどという大それたことをする以上、光秀は反撃を想定して自分の軍勢の殲滅《せんめつ》にも抜かりがないはずだ」と読んだわけである。

はたして、この読みは正しかったのだろうか？　光秀のことであるから用意周到に綿密な計画を立てたことは想像にかたくない。しかし、限られた時間内にそれをどこまで実行できたかは、また別問題である。

事実、『当代記』という安土桃山時代の世相を記した記録によれば、光秀は謀反の企てを深く隠密にしていたので、逃げ落ちる者への対策まではしていなかった、という。たしかに、慎重な光秀であれば、逃亡を防ぐことより企てが漏れないことを重視したにちがいない。

となると、信忠の決断はあまりにも独断的であり、読みが浅かったと思えてくる。同様に、それを信忠に進言した貞勝の読みも浅く、徹底抗戦を進言した責任は重い。もちろん、最終的には決断を下した信忠にすべての責任はあるが、貞勝が「この場はいったん退去なさって……」と退去を勧めていれば、信忠はどうしただろうか？

信忠が無事退去し、羽柴秀吉とともに光秀勢を撃破していれば、はたして秀吉の天下取りはあり得たのだろうか？　少なくともその時期はもう少しあとになっていたにちがいない。

そのくらい、あの日の貞勝の一言は歴史的に重要だった。貞勝は信長の重臣として京都所司代という要職を任せられた能吏であるが、石山本願寺の攻撃の際には先登をかけた勇将でもある。本能寺の変の際も、主君・信長の死を目《ま》の当たりにして殉死するつもりだったのかもしれない。実際、貞勝は二条御所で二人の息子とともに討ち死にしている。

05 明智光秀はなぜ無勢の徳川家康を追討しなかったのか？

本能寺の変が起きた六月二日、徳川家康は堺を発ち、京に向かおうとしていた。前月の十五日、家康は織田信長に招かれ安土城に入り、信長の歓待を受けた。その後、信長に勧められるまま京から堺へと物見遊山の旅に出たが、信長が京に上ってきたことを知り、持ち前の気くばりから信長に挨拶しようと考えたのである。

そこで、前日の六月一日に、先触れとして家臣の本多忠勝を派遣した。ところが、その忠勝が血相を変えて京から戻ってきた。

「いったい、何事か？」

家康は忠勝から、明智光秀の謀反、信長の最期を知らされ、全身が凍りつくような恐怖に襲われた。

「次は、わしの首を取りにくる……」

このとき、家康がそう考えたのは当然である。

第一に、家康は信長の同盟者であり、光秀が信長を討ったことを知れば遅かれ早かれ光秀を討ちに出る。したがって、光秀としては一気に家康もたたいてしまいたい。

第二に、このときの家康は、物見遊山ということで数十名の家臣しか引き連れていなかった。本多忠勝をはじめとする猛将が家康を警護していたが、どうにも無勢すぎる。

以上のように、六月二日のその頃は光秀が信長に続いて家康を討ち取るには絶好の機会だったのである。

ところが、光秀はなぜか家康を追討しようとはしなかった。信長を本能寺で葬った光秀は、さらに信長の嫡男・信忠を二条御所で滅ぼし、鮮やかにクーデターを成功させた。

しかしそのあとは、近江（滋賀県）を平定し、安土城に入り、そこで六月七日まで滞在。翌日、坂本城に帰り、九日には上洛して正親町《おおぎまち》天皇、誠仁《さねひと》親王に銀子《ぎんす》を贈っている。そうこうするうちに、羽柴秀吉が猛スピードで中国から京に向かい、光秀をあわてさせることになった。

その間に、軍勢を割《さ》き、家康討伐軍を堺に向かわせることもできたはずなのに、なぜ光秀はそうしなかったのだろうか？

この謎の答えは、なぜ光秀は信長を襲ったのかというクーデターの原因をめぐる諸説と関係してくるように思う。たとえば、光秀は信長への積年の恨みを果たしたとする「怨恨《えんこん》説」によれば、信長さえ討てればそれで本望ということになる。しかし、光秀はその後も、近江を攻めたり、他の戦国大名に呼応するよう呼びかけたりしている。つまり、クーデター後のことにも余念がなかったのである。したがって、信長だけがターゲットだったとは考えにくい。

また、光秀が天下取りを狙ったという「野望説」によれば、信長・信忠父子を討ったあとは天皇や将軍を取り込み、京畿の戦国大名を味方につけることが最重点策だったとも考えられる。

さらにまた、光秀の背後に黒幕がいたという「黒幕説」によれば、家康討伐は光秀の役目ではなかったのかもしれない。あるいは、家康本人が黒幕であれば、はなから家康討伐というシナリオはなかったはずである。

真相は不明だが、信忠追討の際にも企てが漏れることを恐れ、充分に手を回すことができなかったように、家康追討までは事前に手配できなかったというのが、本当のところではないだろうか。

06 徳川家康はなぜ無事三河に帰ることができたのか？

徳川家康は家臣の本多忠勝から本能寺の異変を知らされると、死を覚悟した。そこで家康は、家臣に言った。

「少ない人数で光秀と戦うことはできない。それならば、京に戻り、知恩院で腹を切って信長公に殉じよう」

ところが、忠勝は京に向かうことに反対し、こう進言した。

「京で殉死することは無益なことです。それよりはすぐに三河（愛知県）に帰り、軍勢を整えて光秀を討つことこそ、信長公の恩に報いることでありましょう」

この忠勝の意見に、酒井忠次ら他の家臣も同意した。しかし家康は、さらに言った。

「わしもそうは思うが、不案内の野山をさまよい、野伏《のぶせり》（盗賊）に討たれるよりは、京で殉じたほうがよいと思ったのじゃ」

すると、信長の家臣で、家康の接待役として随行していた長谷川秀一が口を開いた。

「河内の交野《かたの》郡津田のあたりには、信長公の恩を受けた者がたくさんいますので、彼らに道案内をさせましょう」

こうして、家康の一行は山城の宇津越えを経て、木津川を渡り、さらに宇治橋の瀬を渡って、近江の信楽《しがらき》に出た。そこから伊賀上野の鹿伏兎《かぶと》を越え、伊勢の白子《しらこ》から船で三河に帰った。これが、史上有名な「伊賀越え」である。

冒頭にも記したように、家康が死を覚悟したのはまちがいないだろう。織田信忠が死を覚悟したように、野伏に討たれるよりは自刃《じじん》によって殉死したほうがいいというのは、当時の戦国武将のプライドだったのだろう。その点では、信忠も家康も大差はなかった。

ところが、信忠は家臣の「退去なさりませ」という進言に耳を貸そうとしなかったが、家康は忠勝の進言に耳を傾けた。この大将の器が、家康が三河に帰れた要因の一つである。

次に要因として挙げられるのは、無勢とはいえ、家康の周囲には錚々《そうそう》たる武将がついていたことである。歴戦の勇者である本多忠勝をはじめ、徳川四天王の酒井忠次、榊原康政、井伊直政など、何度も修羅場をくぐってきた猛将が家康を守った。忠勝のような猛将が何人もいたことで、家康もどれほど心強かったことか。また、彼らがいたことで、野伏も簡単には手を出せなかったにちがいない。

さらに、伊賀を父祖の地とした服部半蔵が同行していたことも大きかった。半蔵は人脈のあった伊賀者を使って伊賀を案内させ、無事一行を白子まで導いたのである。伝えられるところでは、このとき半蔵が動員した伊賀者は二百名。のちに家康は、彼らに禄を与え、半蔵付にしたという。そのくらい半蔵をはじめとする伊賀者の働きが大きかったと推測できる話である。

ちなみに、巷間《こうかん》、服部半蔵は伊賀忍者の首領のごとく伝えられているが、けっして忍術使いではなかった。しかし、家康の重要な武将の一人であったことはまちがいないだろう。

07 羽柴秀吉はなぜ「奇跡の中国大返し」ができたのか？

本能寺の変の翌日（天正十年六月三日）、羽柴秀吉は備中高松（岡山市高松）で、その急報に接した。秀吉は、主君・信長の死を悲しむ間もないかのごとく、ただちに動いた。翌四日には対峙していた毛利氏と講和を結び、高松城の包囲網を解くと、六日の深夜（午前二時頃）には三万の大軍を東上させた。そして、秀吉軍は備中から京都までの二百キロの西国街道を疾風のように行軍し、なんと五日後の十一日には摂津（大阪府・兵庫県）の尼ヶ崎に到達し、明智光秀をあわてさせた。

これが戦国史上に名高い秀吉の「奇跡の中国大返し」である。光秀があわてたのも無理がない話で、備中から尼ヶ崎までの百五十キロもの距離を、戦の装備をした大軍がわずか五日で移動するなどということは、考えられないことだった。一日の平均移動距離は三十キロ。七日から八日にかけての沼城・姫路城間の移動では、五十五キロも行軍している。

しかも、時季は梅雨どき。降りしきる雨のなかの行軍であり、かつ河川は増水し渡河するのも容易ではなかった。現代でも、こんな悪天候のなかをこのスピードで行軍するには、驚異的な体力と脚力を要することは言うまでもない。この行軍が「奇跡」と呼ばれることは、誰もが認めざるを得ないだろう。

秀吉はなぜこんな神懸り的な行軍ができたのだろうか？　それを可能にするためには、絶対的な条件がある。いくら軍団の統率力に優れた秀吉でも、光秀謀反という報を急に受けたのでは、こうまで迅速に動けなかったにちがいない。つまり、急報は実は急報でなく、予期していた報せであれば、かくのごとく動くことは可能だったのである。報せが届いたらただちに東上する、迅速な行軍を可能にするために西国街道の拠点には事前に協力体制を敷いておく、などなどの準備があったからこそ、奇跡の大返しも可能だったのではないだろうか。

結論から先に言えば、秀吉は本能寺の変が起こることを予期していた、と思う。予期できる人間として真っ先に考えられるのは、事件の首謀者とその加担者である。そこで、秀吉が事件の黒幕あるいは光秀の加担者と考えるなら、光秀謀反という報せは寝耳に水というわけではなく、待っていた朗報になる。

秀吉が事件を知ったのは、光秀が毛利氏に宛てて送った密使が誤って秀吉の陣地に入り捕らわれたため、とよくいわれる。しかし、密使が誤って敵の陣地に入ることなど考えられないとして、この説は一笑に付されることが多いが、もし光秀が黒幕あるいは加担者の秀吉に送ったものであれば、この話はつじつまが合う。

今日は明智様から本能寺の変の報告がはいる予定です。
スケジュール

しかし、そうなると、味方である秀吉がなぜ光秀を討ったのかという新たな謎に直面してしまう。秀吉の裏切りと言ってしまえばそれまでだが、苦しい説明である。

それでは、黒幕や光秀の加担者でなければ事件を事前に予期することはできないものだろうか？　そんなことはない。実は光秀の知らないところで秀吉は、本能寺の変を予期できたのである。その理由についてはのちの項で詳述するが、予期できたからこそ、ただちに東上できるように準備もし、いつでも毛利氏と講和できるよう交渉を進めていたにちがいない。

奇跡の大返しは、実は秀吉の予定の行動だったのである。

08 柴田勝家はなぜ羽柴秀吉に後れをとったのか？

柴田勝家は迷っていた。本能寺の異変は、事件から二日経った天正十年（一五八二）六月四日に知った。勝家は越中魚津（富山県魚津市）において上杉勢と対峙していた。前日の三日には、中条景泰が籠城していた魚津城を落としたばかりだった。そしていまは、もう一つの上杉勢の居城である松倉城を包囲していた。

そこへ主君・信長死すの変報が入り、勝家はじめ織田勢の武将たちはただちにそれぞれの居城へ帰った。勝家も越前北ノ庄城（福井県福井市）に帰り、信長の弔《とむら》い合戦に向かうべきか、持ち場である北陸の地を守り続けるべきか、思案していたのである。

その結果、勝家は先発隊を京に送ったものの、自身は出陣しないうちに羽柴秀吉に弔い合戦の功を奪われてしまったのである。

柴田勝家は織田信長麾下《きか》の錚々たる部将のなかでも筆頭家老の地位にあり、主君・信長の身に何かあれば真っ先に駆けつけるべき立場にあった。それなのに、自分よりも経歴も年齢も下の秀吉に後《おく》れを取り、みすみす手柄を横取りさせてしまったのは、いったいなぜなのだろうか？

勝家のイメージとしてよく伝えられるのは、「猛将」「鬼柴田」「無骨者」「武辺者《ぶへんもの》」などというものである。それは、秀吉のイメージである「猿」「愛嬌」「機転」「狡猾」などというものとは似ても似つかない。

そこでよく言われるのは、勝家は戦場では天下無双の働きをするが、調略の才や政治力には欠けるというもの。

したがって、明智光秀謀反という変報に接したときも、情勢判断ができず、秀吉のように機敏には動けなかったのだ、という説がある。

また、秀吉よりは一回りも年上という年齢からくる老いが判断を鈍らした、という説もある。

しかし、そうした説はあまりに勝家に酷な気がする。というのも、秀吉と勝家では置かれていた状況がまったくちがっていたからである。

秀吉は中国で毛利勢と、勝家は北陸で上杉勢と、それぞれ対峙していたが、その状況はだいぶ異なる。秀吉が変報に接した六月三日にはほとんど毛利氏との講和の話がまとまっており、持ち場である戦場を離れても毛利勢が追撃してくるおそれはなかった。

それに対して、勝家は魚津城を落としたものの松倉城の包囲を解き、織田勢が一斉に退却したことで、俄然、上杉勢を勢いづけてしまった。

魚津城の援軍のために天神山に布陣していた上杉景勝は、本拠地の春日山城が手薄になるのをおそれていったんは帰城したが、織田勢が退却したとなればいつ追撃してくるかわからなかった。

それを阻止できるのは、猛将・鬼柴田の存在である。勝家が越前にどっしりと構えていることで景勝もうかつには動けない。勝家はそう考え、いまは弔い合戦よりも持ち場である北陸の地を守ることを優先したのではないだろうか。

信長への忠誠心が誰よりも厚い勝家は、すぐにでも京に駆けつけたい気持ちを抑え、愚直なまでに主命に従ったのである。

09 筒井順慶は洞ヶ峠にいなかったのになぜ悪く言われるのか？

「洞《ほら》ヶ峠《とうげ》を決め込む」という言葉がある。有利なほうにつくために形勢を見ることの意で、「日和見《ひよりみ》」「二股膏薬」などと同意の語である。語源は、本能寺の変のあとに起きた明智光秀と羽柴秀吉の戦いである山崎の合戦のときに、筒井順慶が洞ヶ峠（京都府八幡市と大阪府枚方市の境にある峠）に陣を布き、どちらの軍勢に味方するか戦況を眺めていたことに由来するという。

しかし、この語源についての言い伝えは史実ではない。山崎の合戦の前、順慶は本拠地である大和《やまと》郡山《こおりやま》城に籠っており、洞ヶ峠に布陣したという記録はない。洞ヶ峠に布陣したのは光秀であり、光秀はここで順慶の出陣を心待ちにしていたのが史実である。それなのに、順慶が日和見主義者や裏切り者の代名詞のように言い伝えられるようになったのはなぜなのだろうか？

だいたい、戦国の世に国を領し民を持つ領主であれば、生き抜くために日和見や心変わりをすることはめずらしいことではない。たとえば、本能寺の変のあと、順慶以上に光秀に味方するであろうと思われていた細川藤孝・忠興《ただおき》父子も動こうとしなかった。

心変わりという意味では、光秀も藤孝も足利義昭を見限って織田信長に仕えたくちだが、二人は義昭と信長を引き合わせるために奔走したときからの友人である。かつ、それだけでなく光秀は娘の玉（ガラシャ）を藤孝の嫡男・忠興に嫁がせている。つまり、光秀と藤孝は親友であり、親戚でもあったのだ。その藤孝でさえ光秀に味方しなかったのに、順慶ばかりが悪く言われるのはなぜなのか？

思うに、それは戦国武将としての器のちがいである。もう少し具体的に言うならば、識見の有無と言えるだろう。藤孝は光秀と親しくし、武将としても光秀の与力として従った。しかし、光秀を天下人の器とは見ていなかった。したがって、本能寺の変報に接したときには、迷わず光秀に味方しないと態度を明らかにしている。藤孝はいくら親しい光秀のことであっても、自分の国を守るために私情を挟まず冷静に情勢を判断した。息子の忠興に「私は光秀に味方しないが、おまえは光秀と婿と舅《しゅうと》の間柄だから、味方するかどうかは自分で決めていいぞ」と言い渡したのも、父子といえども一線を引いた態度として好感が持てる。

その藤孝にくらべると、順慶はあまりに識見がなかった。順慶は信長へのとりなしを光秀にしてもらった仲であり、武将としても与力として光秀に従ってきた。本能寺の変の後も、光秀が秀吉に勝つと読み、六月四日には光秀からの依頼に応じて

三千の兵を出している。

ところが、藤孝・忠興父子をはじめ光秀の組下の武将たちが光秀に味方しないとわかると、次第に心が揺らぎ始めた。また、秀吉が疾風のように東上しているという報せも入り、光秀勝利に確信が持てなくなってしまったのだ。すると、九日には食糧を大和郡山城に運び、籠城の準備をした。秀吉勢と光秀勢のどちらから攻められてもいいようにというのが、籠城の理由だという。

こうして順慶は、山崎の合戦で秀吉勝利の大勢が決まった六月十四日まで、大和郡山城に籠っていた。

これでは、洞ヶ峠にいようがいまいが、日和見と言われてもしかたないだろう。

10 明智光秀は本当に落人狩りに遭ったのか？

天正十年（一五八二）六月十三日、明智光秀は山崎の合戦で羽柴秀吉の軍勢に敗れると、ひとまず勝竜寺城（京都府長岡京市）に退却した。そして深夜、目立たぬよう主従十数騎で城を出ると、本拠地の坂本城（滋賀県大津市）へと向かった。そして、小栗栖《おぐるす》村（京都市伏見区）の竹藪のなかを進んでいると、突然、竹藪から一本の竹槍が突き出されたのである。

竹槍は光秀の脇腹を刺し貫き、光秀はその場はなんとか逃れたものの、まもなく落馬した。重臣の溝尾庄兵衛があわてて駆けつけると、光秀はもはやこれまでと観念し、介錯を頼み、切腹した。

これが、伝えられる光秀の最期だが、はたして武人である光秀が武芸拙《つたな》い農民にかくも容易に致命傷を負わされてしまうものなのだろうか？

慎重な光秀のことであるから、勝竜寺城を出るにあたって落人《おちうど》狩りのことは充分計算していたはずであり、鎧《よろい》をはじめ身につける装備にも余念がなかったにちがいない。まして竹藪は、落人狩りをしようとする農民たちが最も身を潜めやすい場所である。そんな竹藪のなかを進むときには、一行はより警戒し、屈強な武将が主君・光秀を守るべく目を光らせていたにちがいない。

それなのに、光秀が素人同然の農民に致命傷になるほどの一撃を受けたというのは、たしかに理解しがたい話である。そこで昔から、実は、光秀は小栗栖で死んではいないという光秀生存説が流布されてきた。

代表的な説は、竹槍で刺されたのは影武者であり、光秀はその場を逃れ、さらに落ちのびたというものである。また、光秀はたしかに襲撃によって傷を受けたが、致命傷ではなく、本人は逃げのび、代わりに影武者の首を埋めたという説もある。

その光秀の首は、通説によれば、庄兵衛が土中に埋めたものの、翌日、農民に掘り返されたという。農民は光秀の首を秀吉側に届け出て褒美をもらい、首は十七日に本能寺にさらされた。

ところが、この説にも疑問符がつけられている。疑問とされているのは、そんな大切な主君の首を簡単に掘り返されるようなところに埋めるはずがない、という点である。掘り返されたのは影武者の首であり、光秀の死を偽るためにわざと発見されるようなところに埋めたのだという。用意周到な光秀であれば、そこまでしてもおかしくないかもしれない。

しかし、こうした疑問も決定的な証拠があるわけではない。したがって、武人の光秀が素人の農民に致命傷を負わされたのも、突き出した竹槍がたまたま急所に命中したという偶然の出来事と考えられなくもない。

また、素人の農民というが、戦国の世の落人狩りは村をあげての組織だったものであり、なかには訓練された「遣い手」がいたとも考えられる。つまり、素人とひと言では片づけられない武装勢力だったのである。

あるいはまた、光秀主従が合戦以来の不眠不休で疲れきり、油断が生じたとも言えなくもない。

光秀の首についても、農民に掘り返されてしまったのは、農民が必死に探した成果か、あるいはまた偶然の結果ということかもしれない。また、庄兵衛が光秀の首を埋葬するにも、あまり時間をかけていれば目撃されるおそれがあり、場所選びに時間をかけていられなかったとも考えられる。

こうした偶然性をまったく排除することはできない。となると、光秀は、やはり小栗栖で亡くなったのだろうか？　それを否認する興味深い説が、次項に詳述する「光秀＝天海説」である。

11　明智光秀＝天海というのは本当なのか？

明智光秀は山崎の合戦のあと、小栗栖村で落人狩りの手によって深手を負い、自害したというのが通説である。ところが、これには古くから異論が唱えられ、光秀生存説が流布されてきた。その生存説のなかでも、とくに有名で、かつ説得力があるのが、「光秀＝天海説」である。

天海は、徳川家康から秀忠、家光までの徳川三代の将軍に仕えた天台宗の僧である。享年百十歳以上と伝えられ、また、徳川幕府の政治・軍事の顧問役であり、怪僧と言われた。その天海と光秀が実は同一人物であるというのが、光秀＝天海説なのである。

この説によれば、小栗栖村から逃れた光秀は、比叡山に落ちのびたという。比叡山はかつて織田信長が焼き打ちしたところであり、延暦寺の僧からすれば信長は憎き敵である。

その信長を討った光秀は、恨みを晴らしてくれた武将として延暦寺の僧に歓迎された。光秀はそこで天海僧正と呼ばれるようになり、やがて家康に接近し、召し抱えられるようになったというわけである。

この説に説得力があるのは、光秀と天海をつなぐ「証拠」とも言うべき材料に事欠かないからである。

たとえば、光秀も天海もともに大永六年（一五二六）の生まれであるが、天海の前半生は定かでない。天海が家康に初めて謁見したのは八十七歳だったともいわれ、かなりの高齢だった。光秀が小栗栖村で自害したのは五十五歳とも五十七歳ともいわれるから、光秀＝天海説によれば、その間の約三十年間が光秀が天海として別人に変わった期間と言える。

その天海の諡号《しごう》は「慈眼大師」。光秀の木像と位牌があるという寺の名は「慈眼寺」（京都府北桑田郡周山村）。「慈眼」という言葉が重なるのは、単なる偶然なのか、あるいはまた光秀＝天海説を裏付けるものなのだろうか。

さらに興味深いのは、後年、豊臣秀頼が鋳造した方広寺の鐘銘「国家安康」「君臣豊楽」に対して、家康が「家康の名を二つに分断するものだ」と責めた。この事件は、のちの豊臣家滅亡につながったが、この鐘銘に異を唱えたのは天海だという。これも、光秀＝天海という視点から見ると、光秀による仇敵の豊臣家に対する復讐と見ることができる。

このように、光秀＝天海説は歴史ロマンを膨らませてくれる非常に興味深い説で

ある。しかし、この説の最大のポイントは、光秀と家康の関係をどう説明するかにある。周知のとおり、本能寺の変報に接した家康は有名な「伊賀越え」をして命からがら三河に帰った。それもこれも光秀に討たれることを恐れてのことである。その家康がなぜ宿敵の光秀（＝天海）を政治・軍事の顧問役として重用したのだろうか？

この疑問については、家康は光秀が盟友・織田信長の仇であるものの、軍師としての能力を高く評価し、天下取りのために自分の味方に付けたという考えがある。「昨日の敵は今日の友」というのは戦国の世ではよくあることであり、考えられなくもない。

また、家康こそ本能寺の変の黒幕だと

考えるならば、事件は二人が示し合わせて仕組んだものであり、実行犯の光秀を黒幕の家康が生涯面倒をみるというのは予定の行動だった、という説も成り立つ。

光秀が信長を自刃させたあと、すぐに家康を討ちに行かなかったことも、光秀と家康が共謀していたというのであれば説明がつく。

このように、光秀と家康が手を握ることは、考えられないことではない。しかし、自分一人だけが生きのびるために、重臣の溝尾庄兵衛をはじめとして最期まで主君・光秀のために命をかけてきた将兵たちを、光秀は犠牲にすることができただろうか？

もちろん将兵たちは、そうした計画を主君・光秀から打ち明けられれば自ら命を差し出したにちがいないが、かつて斎藤利三をめぐって信長とぶつかり、命をかけてまで利三を守った光秀である。その光秀が部下を犠牲にしてまで家康と手を結ぶとは考えにくいのではないだろうか。

12　安国寺恵瓊は本当に本能寺の変を予言できたのか？

天正元年（一五七三）、毛利家の外交僧・安国寺恵瓊《あんこくじえけい》は京で羽柴秀吉に会ったあとの帰路、国許に宛てた書状のなかで、織田信長と秀吉について次のように評した。

「信長の代は五年や三年は持つだろう。明年あたりは公家になるのではないかと思う。しかし、そのあとは、高転《たかころ》びに仰《あお》のけに転がってしまうだろう。藤吉郎は、さりとてはの者だ」

恵瓊が上洛し秀吉に会ったのは、毛利家と織田家との衝突を避けるための交渉だった。その帰途に、日の出の勢いの信長について「高転びに仰のけに転がってしまう」と破滅を思わせるようなことを書き、その信長の部将の一人である秀吉については、「さりとてはの者」（なかなかの者だ、くらいの意）だと書いて一目《いちもく》置いている。

そして、その九年後の天正十年（一五八二）に、本能寺の変は起きた。恵瓊が評したように、信長は破滅し、その後、秀吉が天下を取った。そこで、このときの恵瓊の書状は本能寺の変とその後の秀吉の台頭を予言したものであり、恵瓊は予言者だったといわれるようになった。

たしかに、信長が滅び、秀吉が天下を取った事実は、恵瓊の評価とつながるところがある。しかしはたして恵瓊は本当に本能寺の変や秀吉の台頭を予言できたのだろうか？

それに対しての異論、反論がいくつかある。たとえば、当時、「信長の隆盛はいつまで続くかわからない」というようなことを言っていた者は恵瓊以外にもいた。そのなかには、「そうあって欲しい」という希望的観測や根拠のない悪罵《あくば》も含まれている。したがって、恵瓊だけが信長の破滅を予言できたとは言えないという。

また、わかりやすい反論は、もし恵瓊が予言者であれば、のちの関ヶ原の戦いのときに東軍に味方したはずだという指摘もある。つまり、予言する能があったならば東西両軍いずれが勝つかを予言し、勝つほう（東軍）に味方したはずだ、というわけである。

これについては別章で触れるとして、たしかに恵瓊が超能力者のような予言者だったとは言いがたい。他にも予言が的中した史実がいくつかあれば、また見方も変わるとは思うが。

それでは、恵瓊が予言者でなかったとすれば、なぜ恵瓊は本能寺の変とその後の秀吉の台頭を言い当てることができたのだろうか？

それは恵瓊の天性の洞察力と情報収集力によるものだと思う。恵瓊の史上のイメージは「怪僧」「妖僧」「悪僧」「裏切り者」などなど、きわめて悪い。というのも、本能寺の変の際には恵瓊は毛利勢と羽柴勢の講和に貢献したが、そのために毛利勢の備中高松城城主・清水宗治に切腹を勧めているからである。

このときの恵瓊の活躍は毛利家の外交僧というより秀吉に仕える部将のようでもある。事実、これを機に秀吉の恵瓊に対する評価も高まり、秀吉に大名として取り立てられるようになった。

このように、天正元年に恵瓊が書状をしたためたときには、もちろん信長が明智光秀に討たれるというようなことまで予測できたわけではないと思う。しかし、信長の政治手法、人間性などを観察した恵瓊は、信長の勢いがやがて消え、秀吉に取って代わられる日が来ることまでは読んでいたのではないだろうか。

そして、その日が天正十年（一五八二）六月二日であり、恵瓊の気持ちは一気に秀吉へと傾いたのだろう。その心の表れが、講和のための「暗躍」であり、さらに言えば、秀吉の天下取りのための計画を恵瓊は秀吉から聞かされていたのかもしれない。

13 本能寺の変の首謀者は明智光秀か、それとも黒幕がいたのか？

本能寺の変は、天下一統を目前にした織田信長という史上稀に見る英傑を、この世から消した大事件である。なぜ大事件かというと、この事件がなければ、まちがいなく信長の天下となり、そのあとの日本の歴史は現在までの歴史とはちがうものになっていた、と思えるからである。

たとえば、信長が天下を取り、そのあとも織田家の政権が続いたとしたら、豊臣太閤の栄華も徳川幕府の樹立もあり得ただろうか。となれば、明治維新もなく、日本の近代化はもっと遅れていたかもしれない。あるいはまた、信長によって日本はもっと早く封建社会から脱却していたかもしれない。

このように、織田信長が存命していれば、現在伝わる日本の歴史を書き換えなければならないほど、その存在は大きかった。本能寺の変は、その信長を消してしまったのだから、まちがいなく日本史の大事件なのである。

ところが、本能寺の変はそれだけの大事件でありながら、つぶさに見ていくと実に謎が多い。すでにいくつかの謎を見てきたが、究極の謎は事件の首謀者と、その動機である。本能寺を明智光秀の軍勢が襲ったということはまちがいないが、はたして首謀者は光秀なのか、それとも背後に黒幕ともいうべき本当の首謀者がいたのか、あるいは協力者がいたのだろうか？　そしてまた、信長打倒の動機は何だったのだろうか？

首謀者と動機。この二つの謎はセットになっている。しかし、光秀が首謀者であるとする「単独説」でも、その動機はさまざまである。信長に対する積年の恨みが動機だという「怨恨説」、光秀もまた天下取りを目指したという「野望説」、重要な役割を外されたり所領を没収されたりしたことで将来が不安になったという「不安説」などがある。また、動機は一つではなく、これらの動機が複数重なったためだという「複合説」もある。

一方、光秀の背後に本当の首謀者がいたという「黒幕説」では、その黒幕をめぐって足利義昭、朝廷、豊臣秀吉、徳川家康、さらにはイエズス会という斬新なものまで、さまざまな説が発表されている。なかでも、「足利義昭黒幕説」は説得力がある。

義昭は信長に追放されたあと、全国の諸大名に信長打倒のために動くよう働きかけたように、「信長憎し、幕府再興」を鮮明にしていた。一説には、光秀は信長を倒したあと小早川隆景に密書を送ったが、使者が誤って秀吉の陣所に行ってしまい捕られたという。その真偽のほどは別にすると、これも黒幕・義昭の下で光秀や毛利勢が連絡を取り合っていたことを思わせる話である。

この密書の話も、「秀吉黒幕説」となれば、使者は誤って秀吉の陣所に行ったのではなく、予定の行動だったと見ることができる。また、「家康黒幕説」であれば、本能寺の変のあとに光秀がすぐに家康を討とうとしなかったことも納得がいく。

このように、興味深い説がいろいろと提唱されているが、いまだに諸説紛々としていて真相は闇に隠されたままである。そこで、シンプルに「光秀単独説」を主張しても、それはそれであり得る話だと思う。

ただし、光秀が首謀者であり、黒幕はいなかったとしても、光秀に決断させた人物はいたのではないだろうか？　牛飼いが牛を柵のなかに追い込んでいくように、光秀をクーデターの決行に追い詰めた人物が……。

つまり、本能寺の変は明智光秀が首謀者であるが、光秀にその決断を迫るように追い詰めた「影の人物」の存在が考えられるのである。

14 本能寺の変の「影の人物」とは誰か？

本能寺の変の「影の人物」は、まず、多くの戦国武将と同じように、自分がいつか天下を取ることを夢見ていた。次に、そのためには強大な勢力を誇る織田信長を倒さなければならないし、そのあとの天下取りのライバルをも倒さなければならない、と考えていた。しかし、いまの自分が信長に正面からぶつかって倒すだけの力はないし、仮に倒せても、自分が天下を取る大義名分がない。それでは、信長麾下の部将たちを敵に回すことになる。

そこで、その人物は自分が手を下すのではなく、誰かにそうさせてから、動くことを考えた。その誰かとして光秀に白羽の矢を立てた。なぜなら、光秀は信長を殺したいほど恨んでいると見たからである。

実際、光秀は、養母を磔刑《たっけい》にされたことをはじめ、満座のなかで頭を打たれて辱めを受けたこと、徳川家康の饗応役から外されたこと、所領を没収されそうになったことなど、信長に対する恨みは骨髄に徹していた。

また、その人物は、光秀の尽力によって築いた四国の長宗我部元親との友好関係をも断ち切ろうとした。光秀と元親が姻戚関係にあるように、その人物は元親と敵対関係にある三好康長と姻戚関係を結び、三好氏に加勢した。そして、信長の四国政策を百八十度変えさせ、元親征伐を決断させたのである。

これでは光秀の面目は丸つぶれである。これまでの苦労や努力は何だったのか。また、盟約を反故《ほご》にすることは信義を重んじる光秀には耐えがたいことだった。こうして、四国政策の変更は光秀に「クーデターを成功させるには元親の加勢は不可欠であり、そのためにも決行するなら元親征伐の前でなければならない」と決断させることになった。

さらにまた、その人物は、光秀のためにクーデターを起こす千載一遇のチャンスをも用意した。それは、無勢の信長を光秀の目の前に差し出すことだった。その人物は備中高松城の戦いをほぼ勝利し、あとは敵の陥落を待つだけであったが、いつものように手柄を独り占めすることのないよう信長に出陣を要請した。信長は上機嫌で一足先に西国に向かい、京で勅使や公家を招いて大茶会を開くほどの無警戒である。まさに、光秀にとっては願ってもないチャンスとなった。

信長にこんな無防備な行動をとらせることは、信長のすべてを知り尽くし、また情報収集力に優れたその人物には造作もないことだった。仕込みをすべて終えたその人物は、あとは魚が餌に食いつくのを待つだけだった。ただし、食いついたあとには、ライバルである光秀をすぐに倒さなければならなかったので、その準備にも抜かりはなかった。

準備とは、期待している変報に接したら、光秀討伐の大軍を一気に進軍させるためのものである。そのために、備中高松城の陥落を目前にしながら、毛利氏とは講和することにした。講和にこぎつけるために、毛利氏の外交僧・安国寺恵瓊を抱き込み、暗躍させてもいる。

こうして、毛利氏と講和することで東上する軍勢が背後から追撃されるおそれもなくなった。世に言う「奇跡の中国大返し」もこうした万全の準備があったからこそなし得たことであり、思いも寄らぬ急報であったならば、いかにこの人物でもかくも速く進軍できなかったにちがいない。

このように、本能寺の変は明智光秀が「影の人物」、つまり羽柴秀吉の術中にまんまとはまった事件だった。

この秀吉の企てを、唯一見抜いていたのが、黒田官兵衛（如水《じょすい》）である。官兵衛は本能寺の変報に接すると、秀吉ににじりよって、「君の御運が開かれるときですぞ。さあ、立ち上がりなさいませ」と膝をたたいた。秘していた本心を見抜かれた、このときの秀吉の心中はどんなものだっただろうか。

第2章
関ヶ原の戦いの謎

関ヶ原の戦い

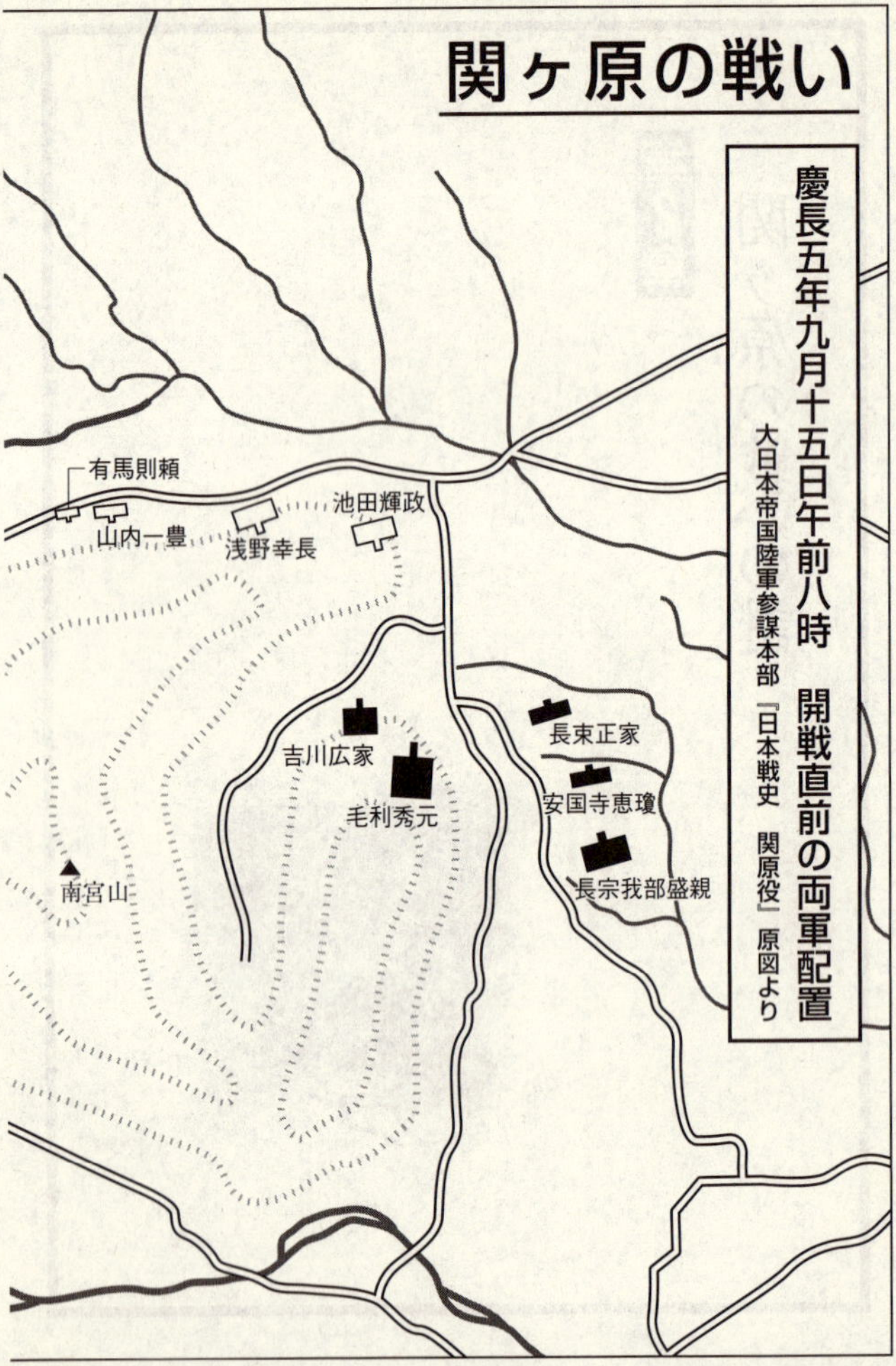

慶長五年九月十五日午前八時　開戦直前の両軍配置
大日本帝国陸軍参謀本部『日本戦史　関原役』原図より

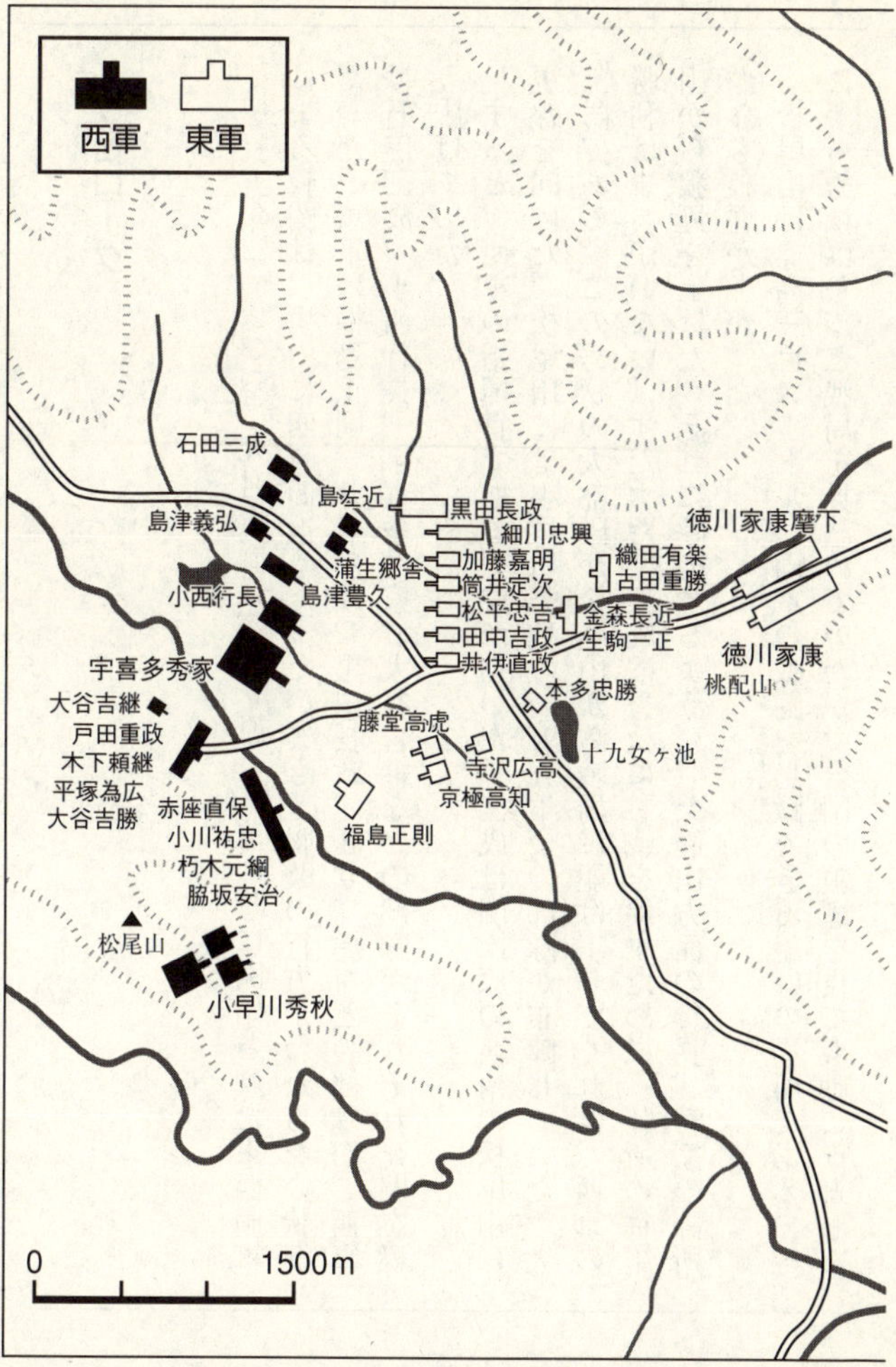

西軍
東軍
石田三成
島左近
黒田長政
細川忠興
島津義弘
蒲生郷舎
加藤嘉明
筒井定次
小西行長
島津豊久
松平忠吉
田中吉政
井伊直政
織田有楽
古田重勝
金森長近
生駒一正
徳川家康麾下
徳川家康
桃配山
宇喜多秀家
本多忠勝
大谷吉継
戸田重政
木下頼継
平塚為広
大谷吉勝
藤堂高虎
寺沢広高
京極高知
十九女ヶ池
福島正則
赤座直保
小川祐忠
朽木元綱
脇坂安治
松尾山
小早川秀秋
0
1500m

プロローグ

慶長五年（一六〇〇）九月十五日、関ヶ原。午前八時に開始された東西両軍による戦闘は、すでに四時間近くたったいまも、勝敗の行方がわからない状況だった。東軍は福島正則、井伊直政、黒田長政、藤堂高虎などの部隊が、西軍は石田三成、小西行長、宇喜多秀家、大谷吉継などの部隊がそれぞれ死闘を繰り広げていた。

すると、西軍の指揮官である三成が動いた。三成は関ヶ原の西南の松尾山に視線を向けた。松尾山には小早川秀秋の一万五千余の部隊が布陣していた。大部隊である。この秀秋の大部隊が松尾山から戦場に駆け下りてくれば、西軍の勝利はまちがいないはずだった。三成は秀秋に参戦を促すために、陣所の笹尾山から狼煙《のろし》を上げた。それに呼応するように、天満山方面の行長、秀家の陣所からも狼煙が上がった。

松尾山は標高三百メートル。両軍の戦闘を鳥瞰《ちょうかん》できる絶好の場所である。そこから秀秋はじっと戦局を見詰めていたが、合図の狼煙を見ても動こうとしなかった。秀秋には西軍に与《くみ》したものの、参戦できない理由があった。実は、秀秋は東軍にも通じており、関ヶ原に出陣したいまも、東西いずれに加担すべきか迷っていたのである。

そんな秀秋に不審の念を募らせたのは、西軍の諸将たちだけではなかった。東軍の総大将である徳川家康もまた、疑心暗鬼になっていた。用意周到に西軍諸侯の切り崩しを進めてきた家康だったが、秀秋の懐柔策だけは失敗に終わったかと思い始めていた。

「見誤ったか……」

家康はつぶやき、秀秋の腹を確かめるべく最後の手を打つことにした。

一方、西軍の三成も焦っていた。かねてより秀秋が東軍に通じているという噂は耳にしていたので、「もしや……」という思いはあったが、ここで寝返られたら西軍の勝利はなくなってしまう。三成は急使を松尾山へ送った。

やがて、東軍の家康の陣所から松尾山に向かって、バンバンバンと鉄砲が続けざまに撃たれた。秀秋は追い詰められた。もはや傍観は許されなかった。秀秋は立ち上がり、全軍に向けて発した。

「目指すは、大谷刑部（吉継）の陣だ！」

＊

この秀秋の裏切りによって、戦局は一気に東軍優勢となり、歴史に名高い関ヶ原の戦いは東軍が勝利した。そこで、後世、東軍の勝因を秀秋の裏切りと見る説が一般的になっている。たしかに、秀秋の裏切りは東軍の大きな勝因だったにちがいない。しかし、関ヶ原の戦いの前哨戦《ぜんしょうせん》ともいうべき家康と三成の攻防をつぶさに見ていくと、またちがった勝因が見えてくる。

さらにまた、関ヶ原の戦いをめぐっては、たとえば、三成と上杉景勝の「密約説」や、家康の東下と三成の挙兵の関係、真田父子の東西分かれての戦いなど、謎めいた話が実にたくさんある。これらの謎を一つひとつ解いていくと、巷間伝わる関ヶ原の戦いとはちがった実相が、また戦国武将の意外な素顔が浮かび上がってくる。

この章では、関ヶ原の戦いの前後に目を向け、いまだ判然としていない謎に焦点を当てながら、「天下分け目の戦い」といわれるこの合戦はいったい何であったのかを考えてみたい。

15 徳川家康はなぜ東下の前に伏見城で笑ったのか?

慶長五年(一六〇〇)六月十七日、前日に大坂を発った徳川家康は、京都の伏見城に立ち寄ると、千畳敷の奥座敷へと足を運んだ。家康はすこぶる機嫌が良く、四方を眺めると独りでにこにこと笑い出した。こうして家康は、束の間、伏見城で過ごした翌日、会津の上杉景勝を討つという名目で東国へ下ったのである。

広い座敷で独り笑う家康はなんとも不気味であるが、なぜ家康は笑い出したのだろうか?

結論から先に言えば、家康の夢だった天下取りの機が到来したからである。つまり、豊臣秀吉亡きあとの天下取りを狙う家康は、武力で他を圧倒するための戦争が必要だった。しかし、家康には戦争を引き起こす大義名分も正当な理由もなかった。

そこで、かねてから自分に敵意を抱く石田三成から戦争を仕掛けさせることを考えた。そして、そこへ謀反の疑いがある景勝討伐という格好な口実ができたことで、家康は独りほくそ笑んだのである。

景勝は家康からの上洛の催促にも応ぜず、さらに領内の城砦《じょうさい》の修築に着手したことで叛意《はんい》があると見なしたのだが、東下の本当の狙いは景勝の討伐ではなかった。

家康には、自分が京坂の地を空ければ三成は必ず挙兵するはずだ、という読みがあった。だからこそ家康は、出発の前夜に、伏見城の留守居の城将・鳥居元忠と酒を酌《く》み交わし、元忠が今生《こんじょう》最後の別れの挨拶をして退出すると、涙を流した。

つまり、家康の軍勢が東国に向かえば、三成は三成で好機到来とばかりに挙兵し、伏見城を襲う。そうなれば、無勢の元忠が討たれることは目に見えていたからである。天下取りのためには忠節の士をも犠牲にする冷徹な顔と、退出した元忠に涙する人情家の顔とをあわせ持つ家康だが、そのいずれが本当の家康の顔なのだろうか。

また、家康が江戸城に入ったあと、すぐには景勝を討とうとはしないで、二十日も過ごしたのも、三成挙兵の「朗報」を待っていたからと見ることができる。その後、七月二十一日に江戸城を発ち、下野《しもつけ》（栃木県）小山《おやま》へ進軍したものの、頭のなかは三成の挙兵を待つ気持ちでいっぱいだったはずである。

そして七月二十四日、家康は待ちに待った三成挙兵の変報に接した。その間の七月十七日、三成は毛利輝元を総大将と定め、家康の罪悪十三ヵ条を列挙した「内府ちかひの条々」を諸大名に公布。十九日には西軍が伏見城を攻囲していた。

このように、三成の挙兵は、家康が仕掛けた罠《わな》に三成がまんまとはまったと見るほうがわかりやすい。こうして時局は、諸国の諸大名を東西に分けての合戦・関ヶ原の戦いへと突き進んでいくが、ことのすべては家康の書いたシナリオどおり展開したのである。

家康は小山から全軍を返し江戸城へ戻ったが、そこの奥座敷でまた独り笑い出したにちがいない。

16 石田三成と上杉景勝の間に「家康打倒」の密約はあったのか？

伏見城を発った徳川家康は五万六千の軍勢を率いて、会津の上杉景勝討伐のために東国に下った。この家康の動きを見た石田三成は、慶長五年（一六〇〇）七月十七日、好機到来とばかりに挙兵し、十九日には、総勢四万の軍勢をもって城兵二千弱の伏見城を襲った。

ところが、留守居の城将・鳥居元忠をはじめ家康の家臣の奮戦によって城はなかなか落ちず、八月一日になってようやく西軍は伏見城を陥落させた。元忠は最後の最後まで戦い、玉砕した。

この三成挙兵の急報に家康が接したのは、江戸城を発ち下野の小山に着いた七月二十四日のことだった。こうして、関ヶ原の戦いへの導火線に火がつけられたわけだが、この三成の挙兵は会津の上杉景勝および、その重臣の直江兼続《かねつぐ》との密約、つまり、東西で挙兵して家康を挟撃しようという計画にそったものだ、という説がある。

「呼応説」あるいは「共謀説」などといわれるものであるが、はたして三成の挙兵は本当にこの密約によるものなのだろうか？

呼応説の根拠とするところの一つは、『常山紀談《じょうざんきだん》』の記述である。それによると、ある雨の夜、三成は兼続に家康打倒の相談をした。すると兼続は、「まず蒲生《がもう》氏郷《うじさと》を滅ぼし、主人の景勝に会津を賜れば、景勝と謀《はか》って旗を掲げます。そのとき三成殿は、西国の諸将を集めて関東に押し寄せ、家康父子を討つといい」と答えた。その後、蒲生氏郷が亡くなり、三年後に景勝が会津を与えられ、さらに、その二年後に関ヶ原の戦いが起こったという。

また、『関原軍記大成』によれば、三成は六月二十日付けで、兼続に書状を送っている。そこには、家康が伏見を発ったことを報じたうえで、かねてからの計画を実行する絶好の機会である、と書かれていたという。

しかし、この呼応説に対しては、次のような反論がある。もし三成と景勝・兼続主従が呼応していたならば、家康が伏見を発ち京坂の地を空けたときに、三成はただちに挙兵していてもおかしくなかった、という。

また、家康が小山から西へ軍勢を返したときにも景勝・兼続主従はすぐに追撃して、まさに東西から挟撃したはずである、ともいう。たしかに、このとき景勝は家康追撃ではなく逆方向に進軍し、山形城主の最上義光を攻めている。

これらの反論に対しては、たとえ家康が伏見を発ったからといって、三成がすぐに諸大名に声を掛け西軍を構成できるわけではない、という見方もある。あるいはまた、追撃しなかったのは、三成の戦略上の失敗だったのかもしれない。事実、敦《つる》賀《が》城主の大谷吉継は三成に「石田殿には勇が不足している」と言い、その例として「徳川殿が関東へ下るときに戦っていれば勝利はまちがいなかったのに、その機会を外してしまった」と指摘している。

また、景勝の山形進軍にしても、下手に家康を追撃すれば、逆に背後の義光や岩手沢城主の伊達政宗の軍勢から襲撃されるおそれがあったし、前面には家康の次男で下総《しもうさ》（千葉県・茨城県）の結城《ゆうき》秀康を主将とする軍勢が待ち構えていた。つまり、景勝は追撃しようにも追撃できなかったとも言えるのだ。あるいはまた、家康追撃ではなく山形進軍を決めたのは、家康との長期戦を睨んだ景勝の戦略だったとも、兼続の献策だったともいわれている。

このように、呼応説にしてもその反論にしても決定的なものではなく、真相は不明というしかないのである。

17 豊臣大名はなぜ徳川家康（東軍）についたのか？

慶長五年（一六〇〇）七月二十五日、徳川家康は下野の小山で、従軍した諸将を集めた。福島正則、加藤嘉明、黒田長政、池田輝政など錚々たる武将が顔をそろえたが、その多くは豊臣秀吉に恩のある大名だった。家康はその席で、前日に接した石田三成挙兵の変報を告げ、続けてこう言った。

「大坂に妻子を人質として残されてきた方々の心中をお察しします。このたびの挙兵は豊臣家のためと言っていますから、秀吉公の恩を受けられた方々のなかには、早く大坂に戻り、三成に味方したいと思う人もおられるでしょう。そうであれば、そのようにされても少しも恨みに思いませぬので、各自、思うように行動されるがよろしいでしょう」

家康のこの言葉に、居並ぶ諸将は顔を強張《こわば》らせ沈黙した。しばしピンと張り詰めた時間が過ぎた。すると、福島正則がつつっと進み出て、口を開いた。

「挙兵は秀頼公の命によるとのことですが、八歳の幼君がかようなことをお考えとは思いませせぬ。これは三成が謀ったことにちがいありません。他の方々のことはわかりませぬが、この正則は内府（家康）にお味方します」

正則のこの一言を口火に、居並ぶ諸将は次々と家康に味方することを誓い、豊臣恩顧の諸大名は家康を総帥とする東軍についたのである。

これが世に言う「小山会議」であり、一説には最初に進み出たのは正則ではなくて、越後上条の城主・上杉義春だともいわれている。義春は「三成に人質を出しながら内府に味方したというのであれば、妻子の恨みも世の非難も免《まぬが》れませんが、事実は秀頼公に出した人質を三成が横取りしたのですから、その三成と戦っても妻子の恨みも世の非難も受けることはないでしょう。他人はどうあれ、私は先陣を切って討ち死にします」と言ったという。

いずれにしろ、この小山会議がのちの関ヶ原の戦いに東軍が勝利するための重要な会議であったことはまちがいない。ここで豊臣恩顧の諸大名が次々に「三成に味方する」と意思表示をしたならば、家康の思い描いたシナリオとはちがうものになり、東軍の勝利はおぼつかなかっただろう。東軍勝利、三成打倒のためには、どうしても小山会議で豊臣大名を味方につけなければならなかったのである。

しかも、三成の挙兵には、家康の罪悪十三ヵ条を列挙した「内府ちかひの条々」に記されたように、生前の秀吉への誓約に背《そむ》いた家康に制裁を加えるという大義名分がある。さらに、三成はその秀吉の後嗣《こうし》である豊臣秀頼を守っている。となれば、豊臣大名は三成を中心にした西軍に味方せざるを得ない。理屈から言えば、家康に味方する道理はなかったのである。

家康はこの会議にどんな心境で臨んだのだろうか？　不利を承知で、虚心坦懐《きょしんたんかい》に諸将の考えを聞き、各自の判断に委《ゆだ》ねようと思ったのだろうか？　それはあまりに家康びいきな見方に思える。伏見城の奥座敷で独り笑い出した男である。綿密なシナリオを描き、用意周到に手を回すことのできる男が、この重要な会議に丸裸で臨むとは考えられない。

流れを一気に家康側に変えた正則の一言は、事前に仕組まれたものと見る説がある。史料が残されているわけではないが、家康であれば充分考えられる話である。もしそれが真相であるならば、なぜ家康は正則にその役を担《にな》わせたのだろうか？

それは、正則は豊臣恩顧の大名のなかでも、加藤清正と並ぶ秀吉子飼いの武将であり、この正則が家康に味方すると言えば、従軍した他の豊臣大名がそれに従うことは目に見えていたからである。また、その正則は清正と並ぶ三成嫌いで知られていた。賤《しず》ヶ岳《たけ》七本槍の一人としても知られる猛将の正則は、文吏派の三成が秀吉に目をかけられるようになればなるほど憎しみを激しくしていた。家康は、この正則の三成に対する憎悪を利用した。人が動くのに憎悪は大義名分や理屈に勝ることを、家康は熟知していたのである。

18 徳川家康はなぜすぐに西上しなかったのか？

下野での小山会議のあと、徳川家康に味方する東軍の諸将はそれぞれ戦闘態勢に入った。慶長五年（一六〇〇）八月十四日、福島正則の清洲《きよす》城に先鋒隊である正則や池田輝政、浅野幸長《よしなが》、黒田長政らが集結し、二十三日には織田秀信の岐阜城を攻め落とした。一方の西軍も、八月十日に石田三成が大垣城に入り、二十四日には鍋島勝茂らが古田重勝の松坂城を攻落。さらに翌二十五日には毛利秀元が富田信高の安濃津《あのつ》城（三重県津市）を陥落させた。こうして両軍は、決戦を前に激しく火花を散らしていた。

家康も七月二十六日に小山を発ち、八月五日に江戸城に戻っている。ところが、江戸に戻ってからの家康は、なかなか腰を上げようとしなかった。三成は挙兵し、小山会議でも豊臣大名の多くを味方につけ、すべては家康の思惑どおり進んでおり、あとは一刻も早く西上し、三成を中心とした西軍を討ち、一気に天下取りに出てもよさそうなものだが、なぜか家康はそうしなかった。

家康が腰を上げ、江戸城を発ったのは、九月一日である。なんと二十日以上も江戸に滞留していたことになる。さらに、その後の歩みも遅い。大垣城周辺で決戦に備えていた正則や輝政らの先鋒隊と合流するのは、関ヶ原の戦いの前日である十四日。なんともゆっくりした進軍に思える。

なぜ、家康はかくも江戸に長く滞留し、すぐに西上しようとしなかったのだろうか？

一つには、先鋒隊として先に立った正則を筆頭とする豊臣恩顧の大名の本心を見きわめようという、家康一流の用心深さがあった。小山の軍議では家康への加担を表明したものの、いつ心変わりするやもしれない。そんな危険な輪の中にうかつに飛び込んだら、ひとたまりもない。ここはしばらく彼らの様子を見るに限る、と考えたわけである。

しかし、それ以上に、家康が西上しなかった重要な理由があった。極論すれば、この江戸滞留と九月十四日までのゆっくりした西上の間に、関ヶ原の戦いの勝負はついていたのである。

家康はこの間、東軍勝利のための用意周到な作戦を着々と進めていた。たとえば、家康は全国の諸大名が自軍に味方するよう多数の手紙を書き送った。会津の上杉景勝や常陸《ひたち》（茨城県）の佐竹義宣の出撃に備えて、陸奥《むつ》（福島・宮城・岩手・青森県）の伊達政宗や出羽（山形県・秋田県）の最上義光など関東や奥羽の諸将軍に協力を呼びかけ、また、西軍と火花を散らす伊勢や美濃《みの》（岐阜県）の諸将にも援軍を依頼している。もちろん、味方についた者への「褒美」をちらつかせることも忘れていない。

そのほか、北陸や九州の諸大名にも手を回したが、九州では実力者の肥後《ひご》（熊本県）の加藤清正と豊前《ぶぜん》（福岡県・大分県）の黒田官兵衛（如水）を味方につけることに腐心した。

とくに清正は、正則と並ぶ豊臣大名の双璧である。筋から言えば、西軍に味方してもおかしくない。武名とどろく清正が西軍につくことは家康にとって大きな痛手になる。そこで、正則同様「三成憎し」という感情を巧みに利用し、かつ新たに領国を与えることを約して味方につけている。

こうして家康は、九月十五日の関ヶ原の決戦の前に、全国の諸大名を味方につけるべく考えられるかぎりの手をつくしていたのである。

これに対して西軍の旗振り役である三成は、家康の罪悪十三ヵ条を訴えることで諸侯を味方につけようとした。たしかに、大義名分は三成のほうにある。しかし、領国、領土を守るためにしたたかに生き抜いてきた戦国大小名らは、必ずしも大義名分だけでは動かない。そのあたりの機微を知り抜いていた家康は、決戦前の段階で三成を負かしていた、と言ってもよいかもしれない。

19 真田父子はなぜ東西に分かれて戦うことになったのか？

小山会議の四日前のことである。同じ下野の犬伏《いぬぶせ》（佐野市）で、戦国武将が三人、密談していた。三人は真田家の父子である。父親の真田昌幸と嫡男の信幸、次男の幸村が険しい顔をして言葉を交わしていた。三人の膝の前には、その日、石田三成から届いた三成挙兵を知らせる密書が開かれていた。

昌幸と幸村は徳川家康に従い、大坂から上杉景勝討伐のために東下してきたが、三成挙兵の急報に接し、東西両軍いずれの軍勢に味方するかを協議していたのである。昌幸自身は西軍につくことを決意していたが、二人の息子の考えは二つに割れ、激論を交わした。

家康の重臣・本多忠勝の娘をめとっていた信幸は、東軍に味方すべきと主張した。一方、西軍の大谷吉継の娘を妻にしていた幸村は、西軍につくべしと言って互いに譲らなかった。その結果、昌幸と幸村は西軍に、信幸は東軍に味方することになり、真田父子は東西に分かれて戦うことになったのである。

これが戦国史上に伝えられる「犬伏の密談」の様子であるが、なぜ真田父子は意見を異にし、東西に分かれて戦うことになったのだろうか？　単に自分の妻の縁戚関係だけが理由だったのだろうか？　それならば、昌幸はなぜ西軍につくことを決意したのだろうか？

よく言われるのは、家名存続を第一にした昌幸が、東西両軍どちらが勝っても真田家が生き残るようにと考えた結果であるというものだ。言い伝えによれば、昌幸は二人の息子の意見が分かれたのを見て、「父子が分かれても、家のためには良いこともある」と言ったという。

また、昌幸はその処世ぶりを、豊臣秀吉から「表裏比興《ひきょう》」と評されたように、次々と主君を変えながら真田家を守り続けてきた。昌幸にとっては、豊徳両家のどちらが勝とうがどうでもよく、大事なのは真田家だった、という見方もある。

しかし、昌幸が家名存続を第一に考えて決断したのであれば、戦局を読んで、東軍に味方したのではないだろうか？　昌幸は「武田信玄の両眼のごとくなり」といわれた一人である。戦局を読む眼は誰よりも優れていた。

家康の権勢は強大であり、時代の流れが家康の天下へと向かっていることは、誰の眼にも明らかだった。事実、密談の四日後の小山会議では、ほとんどの戦国武将が東軍についている。

その意味では、昌幸より信幸のほうが現実的である。『名将言行録』によれば、信幸は東軍の優勢を信じていたようで、東軍が勝ったあとの心配をしている。西軍が負ければ父も弟も処刑されるだろう。そのときは自分が助けて、家が亡《ほろ》びないようにする、と言ったという。

昌幸が家名存続を第一に考えたのなら、あえて父子を東西両軍に分けるまでもなく、三人そろって東軍に味方するよう説得したはずである。それをしなかった昌幸は、秀吉の恩に報いるために西軍を選んだのだろうか？　これも当たらないように思う。前述したように昌幸は表裏比興の策謀家であり、豊臣家への恩義も薄かったにちがいない。

それでは、なぜ昌幸は負け戦さを覚悟で西軍についたのか？　それは密談の場で昌幸が言ったという、次の言葉に凝縮されているのではないだろうか。

「かような節に臨み、家を興し、大望をも遂げんと思うなり」

根っからの戦略戦術家である昌幸は、東軍有利という大勢がわかるだけに、それを覆《くつがえ》すことに武士の本懐を見出そうとしたのではないだろうか。そしてまた、その敵の総大将・家康に対しては強烈な敵愾心《てきがいしん》を抱いている。

かつて昌幸は、家康の大軍に上田城を攻囲されたものの見事に撃破し、その武名を天下にとどろかせているだけに「家康、なにするものぞ」という気概が満ち溢れていたにちがいない。

この父の想いをそのまま受け継いでいたのが幸村であり、幸村は迷わず父に従った。その結果、二人は上田城に籠城し、徳川秀忠の軍を引き寄せた。秀忠は三万八千の大軍で一気に上田城を攻略し、それを手柄に大垣城周辺に待機する東軍の軍勢と合流するもくろみだった。

ところが、昌幸、幸村の守りは固く、結局、秀忠は上田城を落とせず、いたずらに時間を費やし、関ヶ原の戦いに間に合わなかった。こうして昌幸は、再び家康に一泡《ひとあわ》吹かせ、武士の本懐を遂げたのである。

20 なぜ関ヶ原が決戦の場となったのか？

慶長五年（一六〇〇）九月十四日の夜、降りしきる雨のなかを、石田三成の一隊を先鋒隊とする西軍の兵士が続々と大垣城を出て、関ヶ原へと進んでいた。東西両軍は杭瀬川《くいせがわ》を挟んで対峙していた。

石田隊のあとには島津義弘、小西行長の隊が続き、最後尾に宇喜多秀家の一隊がついた。地面は雨に濡れ、泥道になっていた。一行は東軍に気づかれないようにと松明《たいまつ》を消し、闇夜のなかを黙々と進軍した。

こうして、翌日の十五日未明には、西軍の主力部隊は関ヶ原に集結し、東軍を迎撃するべく笹尾山や松尾山、南宮山《なんぐうやま》などに布陣した。そこへ、東軍の軍勢も続々と押し寄せ、いよいよ天下分け目の決戦のときが訪れようとしていた。

ところで、なぜ関ヶ原が決戦の場となったのだろうか？　西軍の主力部隊が籠城していた大垣城や、十四日に小競り合いがあった杭瀬川流域が決戦の場とならなかったのはなぜなのだろうか？

結論から先に言えば、これもまた徳川家康の策謀に三成がまんまと乗ってしまった結果なのである。そもそも西軍は、決戦の場はもっと東の尾張《おわり》（愛知県）以東と考えていたらしい。ところが、そのための拠点となるべきだった岐阜城が八月二十三日にあっけなく陥落してしまい、西軍は大垣城まで撤退せざるを得なくなってしまった。

これだけでも三成にとっては大きな誤算だったが、さらに動揺させられたのは、九月十四日の家康の赤坂到着だった。家康は会津の上杉景勝と対峙しているものとばかり信じていた三成や重臣の島左近は、家康のあまりに速い江戸からの反転に驚きを隠せなかった。

それでもなんとか、左近が五百の兵を引きつれて杭瀬川に出撃して東軍を挑発し、それに乗って深追いしてきた東軍の中村一栄、有馬豊氏の両隊を撃退したことで、西軍の士気を高めた。

その後、東西両軍はそれぞれ軍議を開き、作戦をめぐって意見を対立させた。東軍の軍議では、池田輝政や井伊直政が「大垣城を攻めるべし」と言い、福島正則や本多忠勝は「大坂城を攻めるべし」と主張した。すると、最後に家康が、「大垣城は攻落が難しい。そこでまず佐和山城を落とし、それから大坂城に進撃する」と断を下した。

そしてさらに、家康はこの作戦を意図的に西軍に流すよう命じた。というのは、家康は野戦を得意とし、城攻めは不得手だった。家康はなんとかして西軍の主力部隊を大垣城から出させたかったのである。

一方、西軍の軍議でも意見が分かれた。島津義弘や宇喜多秀家は「家康の本営に夜襲をかけるべし」と主張したが、「大坂城の毛利輝元と秀頼公の出馬を待つべし」という意見に反対された。そうこうして決めかねているうちに、「東軍が佐和山を攻め、一気に大坂城へ攻め込むらしい」という情報が飛び込んできた。すると、三成は「関ヶ原で東軍を食い止めねば」と言い、軍議を中断して、ただちに出陣を命じたのである。

家康に三成という東西両軍の事実上の最高責任者が、決戦を前にそれぞれ決断した。しかし、この決断が勝敗を左右することになった。

こうして、西軍は降りしきる雨のなか、四里（十六キロ）の泥道を関ヶ原へと向かったわけだが、この動きを夜半に知った家康は、どんなに喜んだことだろう。家康は西軍の夜襲をいちばん警戒していたようであり、それがなくなり、かつ思惑どおり西軍の主力部隊が続々と城を出てくれたのだから、さぞかし笑いが止まらなかったにちがいない。

21 毛利輝元はなぜ出陣しなかったのか？

関ヶ原は、北の伊吹山地と南の鈴鹿山地に挟まれた、約四キロ四方の盆地である。そこに、慶長五年（一六〇〇）九月十五日の午前五時ころまでに西軍は集結し、決戦を前に布陣を終えていた。

まず、関ヶ原の西南の山中村に、大谷吉継の六百の部隊や戸田重政、平塚為広らの千五百の部隊が陣取っていた。また、東の南宮山には、毛利秀元や吉川広家、長宗我部盛親、長束《なつか》正家、安国寺恵瓊らの二万八千余の部隊が布陣。さらに、西南の松尾山には、小早川秀秋や平岡頼勝らの一万五千余の部隊が布陣していた。

そこへ、大垣から到着した石田三成の六千の部隊が、西北の小関村と笹尾山に分かれて布陣。三成は笹尾山に陣した。その東南の小池村に、島津義弘が率いる千五百の部隊が布陣し、さらに、その右手に小西行長の四千の部隊が布陣した。そして、最後に到着した宇喜多秀家の一万七千余の大隊が、島津隊の南の天満山に布陣。西軍の総兵力は八万数千といわれている。

まさに、西軍の主力部隊が勢ぞろいした大軍勢である。しかし、よくよく見てみ

ると、誰か肝心な人物の顔が見えない。他でもない、西軍の総大将の毛利輝元である。

東軍の総大将の徳川家康は江戸から西上し、三成らが大垣城を脱け出し関ヶ原に向かったのを確認すると、ただちに出陣し、南宮山の西の桃配山《ももくばりやま》に本陣を置いている。

それに対して輝元は、大坂城に留まったままである。いかに豊臣秀頼を守るためとはいえ、決戦の場に総大将が出陣しないというのは考えられない話である。なぜ輝元は出陣しなかったのだろうか？

実は、三成は大垣城にいたころから、輝元の出馬を促す手紙を再三大坂城に送っていた。ところが、それに対する輝元からの返報はなかった。その理由として、増田《ました》長盛が家康に内応したという風説が流れたため中止した、といわれている。

その真偽のほどはわからないが、そうだとしても総大将の不出馬は西軍兵士の士気に大きく影響したにちがいない。まして、いよいよ決戦のときになっても出馬がないとなれば、その影響は計り知れないはずである。そんなことは輝元自身よくわかっていたにちがいないのだが、それでもなお出陣しなかったのは、いったいなぜなのだろうか?

そもそも、輝元はなぜ西軍の総大将を引き受けたのだろうか? 三成の挙兵前のことである。広島城にいた輝元は、家康が上杉景勝討伐のために東下すると聞くと、一族の広家と恵瓊に従軍を命じている。ところが、三成の意向を受けた恵瓊に説得されて、大坂城に向かったのである。このとき毛利家のほとんどの重臣が、輝元の上坂に反対したという。

それにもかかわらず西軍の総大将として大坂城入りを決意したのは、一つには恵瓊の策謀に乗せられたとも言えるが、もう一つは、毛利家の当主としての意地があったのではないだろうか。輝元は若くして毛利家の後嗣となり、吉川元春、小早川隆景という偉大な叔父に補佐されてきた。当主といっても、毛利家存続の鍵は二人の叔父が握っていた。

その叔父がなくなり、慎重派の隆景もいなくなった。そこで、生来、激情家で好戦的な輝元が、祖父・元就の遺訓に背き、天下を狙う気になったのではないだろうか。ところが、もともとその器でなく、いざ大坂城入りすると、そのあとの展望が見えなくなってしまったにちがいない。

それが証拠に、敗戦後の輝元は東軍からの「本領安堵」の手紙におおいに喜び、家康に服従している。そこには、家康を討ち、天下を取るという三成のような強い決意は見られないのである。

22 島津義弘はなぜ参戦しないで傍観していたのか？

慶長五年（一六〇〇）九月十五日午前八時。関ヶ原の戦いは、東軍の猛将・井伊直政の「抜け駆け」で火蓋が切られた。直政は、徳川家康の四男・松平忠吉とともに、先鋒を任されていた福島正則の部隊を通り越し、西軍に発砲した。すると、東軍は黒田長政の陣所から、西軍は石田三成と小西行長の陣所から、それぞれ狼煙が上がり、戦闘が始まった。

戦いは東西両軍ともに一進一退の攻防を繰り返し、三時間経っても勝敗の行方《ゆくえ》はわからなかった。とくに西軍の奮戦が光っていた。東軍の七万五千の軍勢に対して、西軍は総勢八万数千。そのうち、参戦していたのは三成、行長、大谷吉継、宇喜多秀家らの諸隊の約三万五千だけであった。

そこで三成は、形勢を傍観するばかりでいまだ参戦しない島津義弘の部隊に、家臣の八十島《やそじま》助左衛門を遣わし、参戦を促した。ところが、助左衛門は、馬上からの口上は無礼だという理由で追い返されてしまった。

そこで今度は、三成自身が出向くと、義弘の甥・豊久は「本日の戦いは、各隊がそれぞれの戦いに全力をつくすのみであり、他の隊の戦いを顧《かえり》みる暇はない」と言って、突っぱねたのである。

さて、島津義弘は西軍に味方し、関ヶ原まで進軍しながら、なぜこの期に及んで参戦しようとしなかったのだろうか？

結論から先に言えば、義弘はこの戦いに気乗りがしなかったのである。もともと義弘は、時局を読み、いずれ家康と三成が合戦を繰り広げるものと考えていた。そして、その際には家康方に味方するつもりだったのである。

だから、家康が会津の上杉景勝討伐のために東下するべく伏見を発ったときに、義弘は家康を山科まで送っている。その際、義弘は家康から伏見城を守るよう頼まれた。

だから、その後、三成からの檄《げき》文を受け取ると、義弘は律儀に伏見城に向かったほどである。すんなりと入城していれば、義弘は東軍として西軍の大軍勢と戦っていたはずであるが、事態は義弘の思ったようには運ばなかった。

伏見城の留守居の城将・鳥居元忠は、「共に城を守りたい」という義弘の申し入れをかたくなに拒んだのである。この態度に義弘は憤慨し、家康にたぶらかされたことを知り、西軍に味方することにした。

ところが、いざ味方してみると、今度は指揮官として西軍の中心になっている三成のやり方がどうにも許せなくなった。一度は合渡川《ごうと》の戦いで、三成の部隊は前衛の豊久の部隊を取り残したまま撤退してしまった。島津隊は命からがら逃げることができたが、義弘は三成に失望した。

さらに、すでに述べたように、決戦前日の軍議で、義弘は家康の本営を夜襲することを主張した。宇喜多秀家も島左近も同じ考えだった。ところが、三成は首を縦に振らず、そのうち東軍の佐和山城進軍の情報が入り、三成は関ヶ原への出陣令を発してしまった。

義弘は朝鮮の役では敵の明国《みん》に「石曼子《シーマンズ》（島津）」と恐れられるほど働き、また家康でさえ恐れたほどの戦上手として知られていた。その義弘の作戦を三成が採り入れなかったことで、義弘のプライドはいたく傷つき、三成の指揮のもとに戦うことに意欲を失っていたのである。

23 小早川秀秋はなぜ裏切ったのか？

関ヶ原の西南の松尾山に陣取っていた小早川秀秋が、ついに動いた。東西両軍の首脳が注視するなか、一万五千余の大軍は山を駆け下り、味方であったはずの西軍・大谷吉継の部隊に突撃した。秀秋は裏切った。しかし、吉継は秀秋の裏切りを予期していたため、あわてることなく、これを迎撃した。平塚為広、戸田重政の奮戦もあって、一時は小早川隊を松尾山に後退させた。ところが、そのあとで吉継も予期できなかった第二の裏切りが起きた。大谷隊の配下にいた脇坂安治、朽木元綱、小川祐忠、赤座直保の四隊が大谷隊に突撃したのである。

この第二の裏切りにより、将兵は次々と倒れ、さすがの大谷隊も壊滅した。為広、重政の勇将は討ち死にし、吉継は自刃した。大谷隊が敗れると、連鎖反応のように小西行長と宇喜多秀家の部隊も相次いで崩れ、両将は伊吹山中に逃れた。孤軍奮闘していた石田三成の部隊もついには敗れ、三成もまた落ちのびていった。

こうして「天下分け目の戦い」である関ヶ原の戦いは、およそ六時間の死闘の末、東軍が勝利した。その勝敗を左右したのが、秀秋の裏切りであるといわれている。それだけに、秀秋に対する評判はすこぶる悪い。日本史上最大の裏切り者として、小早川秀秋という名は裏切り者の代名詞になっている。

なぜ秀秋は西軍に与しながら、土壇場で東軍に寝返ったのだろうか？　また、秀秋の行動は世上伝えられるほどの悪質な裏切り行為だったのだろうか？

結論から先に言えば、秀秋はそもそも西軍に味方する気はなかったのである。秀秋は豊臣一族でありながら、豊臣秀吉に対しても、またその側近の三成に対しても、恩義は感じていなかった。それどころか、三成には憎悪さえ感じていた。

秀秋の前半生を振り返ってみよう。秀秋は秀吉の妻・お弥《ねね》（のちの北政所《きたのまんどころ》）の甥である。子供のいない秀吉の養子となり、おおいに可愛がられた。そのままいけば秀吉の後継者にもなるところだった。ところが、秀吉の愛妾《あいしょう》・淀殿が男児（秀頼）を生むと、秀吉の秀秋に対する寵愛は一気に失せた。それどころか、秀頼の地位を脅《おびや》かす者の一人と見られ、十三歳のときに小早川家の養嗣子に出されてしまった。

さらに、秀秋は十六歳になると朝鮮に出征させられた。秀秋は秀吉から総大将に任じられたものの、秀秋から見れば、それは自分を死地に追いやるものとしか考えられなかった。それでも秀秋は戦場で奮戦し、自ら突撃して敵の首級を十三もあげた。ところが、秀秋は秀吉に呼び戻され、きつく叱責されたうえ、国替え（減封《げんぽう》）を言い渡されてしまったのである。武勲を褒められるものと思っていた秀秋は呆然としたが、そうなったのは三成が秀秋の行為を「総大将としてあるまじき軽挙妄動である」と秀吉に讒言《ざんげん》したからだと思い込んだ。以来、秀秋は三成を恨んだ。

この失意の秀秋に救いの手を差し伸べたのが、ほかでもない徳川家康である。家康は秀吉が亡くなると、秀秋の所領を元に戻し、しっかりと秀秋の人心を掌握している。そのため、三成挙兵の後、秀秋は伏見城の守備につくことを申し入れた。ところが、留守居の城将・鳥居元忠に拒まれたことから、やむなく西軍に加わったという経緯がある。さらに、秀秋はその後、伏見城を攻めたことを家康に謝罪する手紙を送っている。

このように、秀秋は最初から西軍に加担する気はなかった。というより、東西いずれにも関心がなかったのではないだろうか。秀吉から受けた手のひらを返したような冷淡な扱いや、三成の情け容赦ない弾劾を経験した秀秋は、人間不信に陥っていたのではないか。そのなかで唯一、頼れたのが家康であり、東軍というより家康に味方したかった。したがって、秀秋自身は終始一貫して東軍の味方であり、西軍を裏切ったという意識は薄かったのかもしれない。

それでもなお、松尾山で最後の最後まで傍観していたのは、生来の優柔不断さと、再び戦に巻き込まれ、人間不信を深めることへの嫌気があったのではないだろうか。史上最大の裏切り者は、実は、誰よりも裏切りの犠牲者だったのである。

24 吉川広家はなぜ参戦しなかったのか？

石田三成や小西行長、宇喜多秀家の陣地から上げた合図の狼煙は、松尾山に陣取る小早川秀秋の部隊の参戦を促すだけではなかった。関ヶ原の東方、南宮山に布陣した毛利秀元や吉川広家、安国寺恵瓊、長束正家、長宗我部盛親らの二万八千余の部隊もまた新たに出陣するはずだった。南宮山の前方には東軍の徳川家康の陣地があり、そこへ西軍の大軍が押し寄せれば戦況は一気に西軍に有利になったはずである。

ところが、大軍は動かなかった。というより、動けなかった部隊の方が多かった。前方に布陣した広家の部隊が動こうとしなかったため、後方の諸部隊は動こうにも動けなかったのである。

こうして二万八千余の大軍は参戦することなく、東軍の勝利を決定づけてしまったのだが、なぜ広家は動こうとしなかったのだろうか？

実は、広家もまた当初から西軍に味方する気持ちはなかったのである。なりゆき上、西軍の一員になって南宮山に布陣したが、気持ちは東軍に通じていた。そもそも広家は家康の上杉討伐に出兵するために出雲《いずも》富田の城を出ている。また、大坂で三成派の恵瓊と激論を交わした広家は、毛利一族の当主である毛利輝元が上坂しないよう広島に急使を派遣したほどである。

さらに同日、広家は家康の側近・榊原康政に、輝元は三成の挙兵に無関係である旨の書状を送った。これらを見ても、広家が始めから一貫して東軍に味方しようとしていたことがわかる。

広家は、輝元の補佐役だった吉川元春、小早川隆景が世を去ったあとの毛利一族の参謀総長のような立場であり、同じく輝元のブレーンである恵瓊とは犬猿の仲だった。

恵瓊が西軍の三成や増田長盛らの文治派と親しかったのに対し、広家は東軍の黒田長政や福島正則らの武将派と心を通じていた。つまり、三成の挙兵前から広家は東軍支持なのである。

ところが、流れは恵瓊が策した方向へと向かい、輝元の上坂、西軍総大将の就任、諸大名への副書の公布と、状況はもはやぬきさしならないものになっていった。

しかし、広家はそれでもあきらめず、今度は長政に密書を送り、輝元の件を釈明した。家康はこれを見て喜び、以後、広家は東軍のために行動した。その後、西軍が東軍の安濃津城を攻めたときには広家も参戦したが、これは東軍への内通を疑われないためのものだった。

こうして広家は、関ヶ原の決戦の前日、一族の秀元に東軍への内応を説得した。すると、秀元は始め拒絶したが、毛利家の存続を諭され、広家に従うしかなくなった。

広家が西軍に属していながら、大事なところで出陣しなかったのは、西軍の将兵から見れば小早川秀秋と同じく裏切り行為にほかならない。そのわりには後世、秀秋ほど悪く言われないのは、広家が終始一貫して東軍支持だったことと、毛利家の存続を第一に考え、そのために奔走したことが評価されているからにちがいない。

25 関ヶ原の戦いはなぜ東軍が勝ったのか？

明治十八年（一八八五）、関ヶ原古戦場（岐阜県不破郡関ヶ原町）に一人のドイツ人男性が立っていた。男性の名はクレメンス・メッケル少佐。明治政府の軍事顧問として日本に招かれた少佐である。

そのメッケル少佐が関ヶ原古戦場を訪れ、東西両軍の布陣の説明を受けると、言下に「西軍勝利」を断言したという。西軍の陣形は中国の兵法で言うところの「鶴《かく》翼《よく》の陣」であり、関ヶ原の周囲の山々や丘陵に布陣し東軍をその内側に誘い込む陣形は、まさに鶴が翼を広げて敵を包むようであった。

このように関ヶ原の戦いは、三成が挙兵した当初はときの実力者・徳川家康率いる東軍が優勢という見方も多かったが、決戦当日の布陣から見れば西軍が優位だった。また、東軍約七万五千、西軍約八万数千という兵力の数をくらべても、西軍は優勢だった。つまり、陣形と兵力だけを見れば、誰もが西軍の勝利を確信しただろう。

ところが、結果は、六時間の死闘で東軍の勝利に終わっている。なぜ西軍は敗れ、東軍が勝利したのだろうか？

東軍の最大の勝因として小早川秀秋の裏切りがよく論じられる。その意味では、吉川広家も西軍から見れば同罪である。なにしろ、西軍八万数千の兵力のうち秀秋隊の一万五千余と広家、毛利秀元、安国寺恵瓊、長束正家、長宗我部盛親らの部隊二万八千余が参戦しなかったのだから、数で言っても西軍は不利だった。さらに、秀秋隊の一万五千余は、結局、東軍として参戦したわけだから、東西両軍の兵力は大きく差が出たわけである。

しかし、これはあくまでも関ヶ原の決戦当日の直接的な勝因である。すでに見てきたように、東西両軍の戦いは関ヶ原以前から勃発していた。そして、関ヶ原の戦いはその最後の戦いであり、実はそれ以前に勝敗の行方はあらかた見えていたのである。

前述したように、徳川家康の用意周到な事前の備えによって、東軍は多くの大名を味方につけていた。とくに、小山から江戸城に戻ってからの家康の諸大名に対する根回し、懐柔などの情報戦略は入念であり、これが結果的に最後の関ヶ原の戦いでも勝利につながったと言える。

それでも、西軍に勝機がなかったわけではない。たとえば、これも前述したことだが、西軍の総大将である毛利輝元が大坂城から出馬していれば、状況は大きく変わったにちがいなかった。

勝負ごとに「もし……」や「……たら」は禁物だが、もし輝元が出陣していれば、いかに広家が家康と内通していたとしても、毛利一族の当主が出陣した以上、従わざるを得なかっただろう。また、家康も広家の書状を破り捨てたにちがいない。さらにまた、関ヶ原に輝元が総大将として陣取れば、傍観していた秀秋も西軍に味方していたかもしれない。

この輝元の出馬以上に西軍の勝利を決定づけることができたのは、豊臣秀頼の総大将としての出馬である。太閤秀吉の嫡子・秀頼が西軍の総大将として戦場におもむけば、いかに石田三成嫌いの福島正則でも刀槍を秀頼に向けることはできなかったはずである。

そうして正則が西軍に寝返れば、他の豊臣恩顧の大名が次々と西軍につくのは容易に想像がつく。そのときは、東軍は西軍の大軍勢によって押し潰されていたにちがいない。

もちろん、家康はそうしたことのないよう情報戦略によって輝元や秀頼が出馬できないようにしていたわけだが、三成の動きいかんによっては、その裏をかくこともできたのではないだろうか。そう考えると、情報戦略においても、戦場での攻防においても家康は三成の一枚も二枚も上をいっていたというしかないだろう。

26 石田三成はなぜ自刃しなかったのか？

関ヶ原の戦いは東軍の勝利に終わり、その後の展開は徳川家康の思惑どおりに進んだ。一方、敗れた西軍の諸将の末路は悲惨なものになった。石田三成の盟友・大谷吉継は自刃し、吉継とともに戦った平塚為広、戸田重政は討ち死にした。

また、三成の側近であり勇将として知られた島左近も黒田長政隊の奇襲にあって倒れた。左近の首があがっていないことから「戦場脱出説」もあるが、一般には討ち死にしたと伝えられている。同じく「脱出説」があるものの、やはり討ち死にしたといわれているのが島津豊久である。豊久は叔父の島津義弘の脱出を助けるために東軍の追撃隊と激闘の末、首を奪われた。

長束正家は水口城に帰り籠城したが、降伏して自害した。この他にも西軍の名だたる将士が多数討ち死にしたり自害したりしている。

関ヶ原から脱出、逃走した諸将にも苛酷な運命が待っていた。西軍の主力部隊を率いた宇喜多秀家は薩摩に潜行したが、のちに捕らわれ八丈島に流された。処刑は免れたものの、以来五十年間島での生活を余儀なくされ、そこで生涯を終えている。

小西行長は伊吹山中に潜伏したが、もはや逃げ切れぬと思い、里人に連行するよう申し出た。キリシタン大名の行長は、教義のために自ら命を絶つことはできなかったのである。行長は京都市中を引き回しにされたあと、六条河原で処刑され、三条橋に首をさらされた。

京都まで逃げのびた安国寺恵瓊は捕らわれたあと、行長と一緒に六条河原で処刑されたが、行長とちがって醜態をさらした。恵瓊とともに逃走していた武将が自刃を勧め、首を斬ろうとすると、恵瓊は首をすくめながら逃げ回ったという。

行長、恵瓊とともに六条河原で処刑されたもう一人の武将が、西軍の指揮をとり、実質上の総師だった三成である。三成もまた伊吹山中に逃げのび、そこで捕らわれている。捕らわれたときの状況については諸説あるが、三成が最後まで自刃しなかったことを非難する声も少なくない。

天下分け目の大合戦を仕掛け、その総師として指揮をとった武将であれば、自分のために命を落とした多くの将兵のためにも、また敵の手にかかり辱めを受けるのを避けるためにも、自刃してしかるべきだという非難である。戦国の世ではきわめてまっとうな非難だろう。それなのに三成は、なぜ自刃しようとしなかったのだろうか？

これについては、こんな言い伝えがある。捕らわれた三成は徳川家康の本陣に送られ、そこで本多正純に警固されていた。そのとき正純が「敗れても自害せず、こうして捕らわれたのはどうしたわけだ」と言うと、三成はこう反論した。

「自害しようとするのは端武者《はむしゃ》のすることだ。大将の道を語っても、そのほうには理解できないであろう」

端武者とは、とるに足らない武者のことである。三成の言う大将の道は、次の有名なエピソードで知ることができる。

三成は処刑場である六条河原に引かれていくと、途中で湯を所望した。しかし、その場に湯がなく、警固の者は代わりに干し柿を差し出した。すると、三成は「干し柿は痰の毒になる」と言って断った。それを聞いて警固の者は思わず笑ってしまった。これから処刑されようという者が、干し柿は体に悪い、と言ったことがおかしかったのである。ところが、三成は顔色を変えずに言った。

「大義を志す者は、最後の最後まで命を惜しみ、本意を遂げることを考えるものだ」

こうして三成は、本意を遂げることができないまま、慶長五年（一六〇〇）十月一日、四十一歳の生涯を終えた。

27 結城秀康はなぜ論功行賞で最大の評価を受けたのか？

関ヶ原での激戦が終わり、そのあとの落ち武者狩り、処刑、領地没収と西軍に加担した将兵には苛酷な制裁が待っていたが、勝利した東軍には論功行賞が行われた。論功行賞は言うまでもなく、手柄のほどを論じ、それに応じた恩賞を与えることである。恩賞のしかたは所領の増加、金品や名誉・栄典の授与などがあるが、なんといってもいちばんの恩賞は所領の増加である。

関ヶ原の戦いの論功行賞は一か月後の十月十五日に発表された。とくに豊臣恩顧の諸大名でありながら東軍に味方した諸将には、大盤振舞いの加増があった。たとえば、小山の軍議以来、豊臣大名のリーダーとして東軍の主力になった福島正則は、尾張清洲二十万石から安芸広島四十九万八千石に加増された。他にも池田輝政が三河吉田十五万二千石から播州姫路五十二万石へ、黒田長政が豊前十八万石から筑前五十二万石へと所領を増やした。

ところが、こうした関ヶ原の戦いやその前哨戦である岐阜城攻めなどで戦功のあった諸大名よりも多くの所領を加増された大名が他にいる。徳川家康の次男・結城秀康と下野宇都宮城の城主・蒲生秀行である。秀康は下総十万一千石から越前福井七十五万石へ、秀行は下野宇都宮十八万石から陸奥会津六十万石へ、今回の論功行賞の一、二となる最大級の評価を受けている。

二人の戦役は何かと言えば、会津の上杉景勝に対する抑えである。徳川家康は石田三成挙兵の急報に接し、西上を決意するが、その際、景勝を封じ込めるために秀康を総大将とし、下野宇都宮の秀行の居城に陣取らせた。結果的には、景勝が動くことはなく、秀康も秀行も戦功を立てることはなかった。

それなのに、なぜ二人は正則や長政らおおいに活躍した諸将を尻目に高い評価を受けたのだろうか？

その理由は、家康が秀康を誰よりも恐れていたからである。秀康は家康の次男として生まれながら、家康にうとまれ続け、豊臣秀吉のもとへ養子に出された。秀康の名は秀吉と家康の両方から一字ずつもらい受けたものである。その後、秀康は下総の結城家を継いだが、その器量は優れ、徳川秀忠を上回っていた。

秀康は秀吉に可愛がられたことから、心情的には西軍を支持していた。秀忠よりも豊臣秀頼を弟と見ていたし、三成とも親しかった。そんな秀康を家康は恐れた。ともに西上させれば、西軍に寝返るやもしれなかった。そこで、宇都宮に軟禁し、蒲生秀行に監視を命じたのである。

そもそも家康は、景勝が動くことはないと見ていた。したがって、景勝封じ込めのための総大将は形だけのものだった。それよりは宇都宮でおとなしくしていてくれれば、それでよかった。

結果、秀康は動かなかった。そして秀行はしっかり任務をまっとうした。こうして二人は家康の不安を払拭したことから、最大の評価を与えられたのである。逆に言えば、もしも秀康が三成や景勝と通じて反家康に動いたならば、関ヶ原の戦いの勝敗の帰趨《きすう》もまたどうなっていたかわからない。

第3章 川中島の合戦の謎

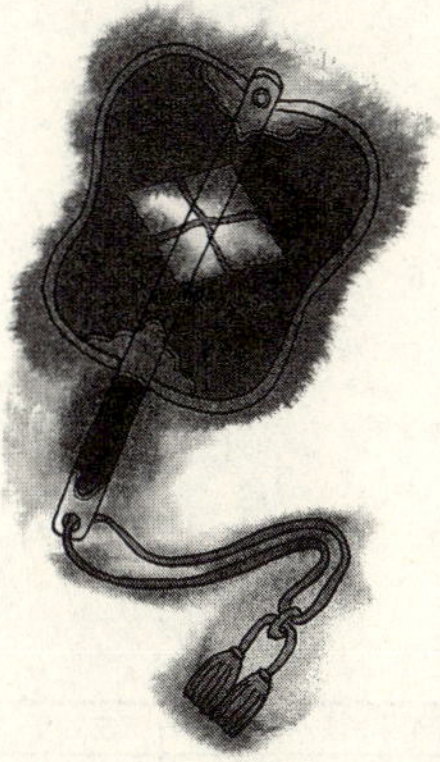

川中島の合戦

第四回　八幡原の戦い

上杉軍一万三千対武田軍二万

第1回：篠ノ井の戦い	天文22年（1553）8月	上杉軍8000対武田軍1万
第2回：犀川の戦い	天文24年（1555）7月	上杉軍8000対武田軍1万2000
第3回：上野原の戦い	弘治3年（1557）2〜8月	上杉軍1万対武田軍2万3000
第4回：八幡原の戦い	永禄4年（1561）8〜9月	上杉軍1万3000対武田軍2万
第5回：塩崎の対陣	永禄7年（1564）8月	両軍とも不明

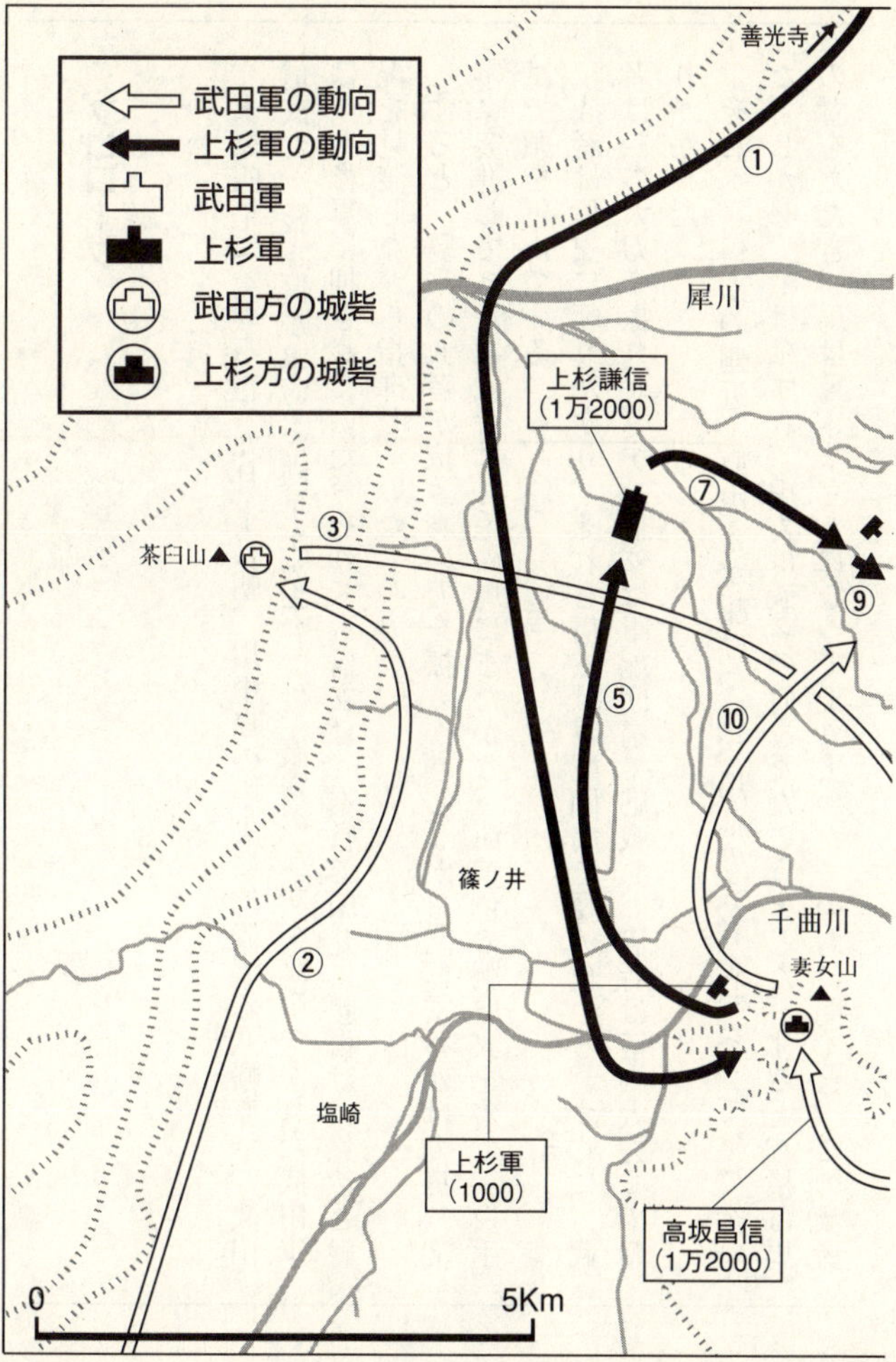
武田軍の動向
上杉軍の動向
武田軍
上杉軍
武田方の城砦
上杉方の城砦
善光寺
①
犀川
上杉謙信
（1万2000）
⑦
③
茶臼山
⑨
⑤
⑩
篠ノ井
千曲川
②
妻女山
塩崎
上杉軍
（1000）
高坂昌信
（1万2000）
0
5Km

プロローグ

永禄四年(一五六一)九月十日朝、川中島の中央に位置する八幡原《はちまんはら》で、武田信玄と上杉謙信が率いる両軍が激突した。濃霧のなか不意をつかれた武田軍は、上杉軍に押されていた。それでも信玄は、本営で床几《しょうぎ》に腰掛け、悠然と戦況を見渡しながら指揮していた。

すると、騎乗の武者が抜き身の刀を振りかざしながら、信玄めがけて真一文字《て》に突進してきた。武者は月毛の馬にまたがり、萌黄《もえぎ》色の胴肩衣を着て、白手拭《ぬぐい》で頭を包んでいる。

武者は信玄に斬りかかり、それを信玄は軍配団扇《ぐんばいうちわ》で受け止める。すぐに、武者は二の太刀を振りかざす。信玄は軍配団扇で応戦し、武者は三の太刀まで斬りかかった。

そこへ、信玄の側近・原虎吉が駆けつけ、馬上の武者をねらって槍で突いた。しかし、槍ははずれ、虎吉は武者の肩をたたこうとした。すると、槍は馬の背をたたき、馬は驚き竿立ちになって走り去った。のちに聞くと、この武者こそ謙信だったという。

＊

以上は、伝えられる川中島の合戦の名場面、信玄と謙信の一騎討ちの様子である。川中島の合戦には、このほかにも軍師・山本勘介（勘助とも書く）が献策したといわれる「キツツキの戦法」や、頼山陽の漢詩「鞭声《べんせい》粛々《しゅくしゅく》夜河を渡る……」で有名な千曲《ちくま》川の「雨宮の渡し」など、ドラマチックな名シーンがいくつもある。それだけに、川中島の合戦は戦国史上特筆すべき合戦と言える。

ところが、それほど有名な合戦であるにもかかわらず、この合戦には謎が多い。そもそも、この合戦が何回行われたのかもはっきりしていない。諸説あって、一回だけという説もあれば十二回あったという説もある。

ほかにも謎はある。たとえば、冒頭の信玄と謙信の一騎討ちははたして本当にあったのか。それを否定する史家も少なくない。あるいは、一騎討ちはあったが、それは信玄本人ではなく影武者だったという説もある。

また、有名なキツツキの戦法にしても、はたして深夜に一万二千もの大軍が敵に気づかれないように進軍することが可能なのか、という指摘がある。さらに、それを献策したといわれる山本勘介は実在の人物なのか、とその存在さえ否定する説もある。

このように、川中島の合戦はわれわれを戦国ロマンの世界に誘ってくれる一方で、「なぜ?」「本当に?」などと首をかしげたくなることも少なくない。その原因として川中島の合戦に関する信頼性の高い史料が少ないことがあげられるが、それはまた、われわれの想像力が及ぶ余地を残していることの裏返しでもある。

その想像力を使って、前述したような謎を一つひとつ解いていくと、そこにまた新しい川中島の合戦が見えてくる。そうして信玄や謙信をはじめ勇将たちの素顔に近づくことで、戦国ロマンはさらに膨らみ、ますますわれわれを魅了する。また、川中島の合戦という戦国史上に輝くこの合戦の意義も、しだいに明らかになってくるにちがいない。

28 川中島の合戦は何回あったのか？

川中島の合戦と言えば、多くの人が頭に思い浮かべるのが、「キツツキの戦法」や武田信玄と上杉謙信の一騎討ちで知られる永禄四年（一五六一）九月十日の合戦であろう。この戦国史上の名勝負はあまりにも有名であるが、信玄と謙信が対陣した川中島の合戦はほかにもあった、というのが通説である。

それでは川中島の合戦はほかに何回あったのかというと、実はこれには諸説あって本当の回数は定かでない。たとえば、永禄四年の合戦のみという説もあれば、天文十六年（一五四七）から永禄四年までに十二回あったという説まである。そのほか、二回説、三回説などがあり、いったい両軍は何回戦ったのかはっきりしない。そんな諸説あるなかで、ほとんどの説にカウントされているのが、永禄四年の激戦である。

通説によれば、信玄と謙信は川中島で五回対陣し、永禄四年の激戦は四回目の合戦といわれている。そして、ほかの四回は次のように行われたという。

一回目の合戦は、天文二十二年（一五五三）四月に、村上義清らの要請を受けた謙信が出撃し、武田軍を撃破。武田軍は退却して甲府に帰館したが、八月に出陣。川中島の西方の布施（篠ノ井）で戦い、今度は上杉軍が退却した。

二回目の合戦は、弘治元年（一五五五）七月に、犀《さい》川を挟んだ形で両軍が対陣した。両軍は激戦の末、にらみあったまま九十日間（百日間ともいう）過ごした。このままでは将兵が疲弊すると思った信玄が、今川義元に調停を依頼。その結果、十月に両軍は和を結び、撤退した。

三回目の合戦は、弘治三年（一五五七）八月に、川中島の北方、上野原で行われた。信玄が犀川の北方、葛山城を攻め、北信濃侵略を着々と進めたことに謙信が激怒して出陣。この合戦でも小さな戦闘はあったものの、両軍とも大きな損害はなかった。

この三度の合戦では雌雄を決する戦いにはならず、決戦は永禄四年の四回目の合戦に持ち越されたが、結局、四回目の合戦でも武田、上杉のいずれかの軍が圧倒的な勝利を得るにはいたらなかった。その勝利については、武田、上杉、それぞれの軍が勝ったとする説があるが、それについては後述することにし、ここでは触れない。

四回目の激戦のあとも両軍の対決は続き、永禄七年（一五六四）八月に、五回目の合戦があった。しかし、両軍は川中島を挟んで対陣するものの、六十日間にらみあっただけだった。

こうしてみると、川中島の合戦というのは、川中島の占有をめぐって信玄と謙信が対陣した戦いであるが、一回一回の戦いをカウントするより、一連の戦い（実態は対陣だけのにらみあい）をひっくるめて一つの合戦と見たほうがわかりやすい。

つまり、大相撲の「仕切り直し」のように、両軍は何度もにらみあったりつっかけたりするものの本格的にぶつかりあうことなく、永禄四年の合戦まで時を経過し、ついにそこで衝突したわけである。

しかし、この衝突さえも信玄と謙信の両雄が本当に望んだものなのか、それもまた謎であるが、そのことについてはのちに詳述したい。

29 上杉謙信はなぜ隠遁しようとしたのか？

弘治二年（一五五六）三月、上杉謙信は突然、家臣団に向かって、「隠居する」と告げた。家臣らは驚き、思いとどまるよう引き止めたが、謙信は聞かなかった。そして、六月には、幼いときからの師である天室光育《てんしつこういく》にも、隠退して高野山に入りたい旨の書状を送った。そこで家臣らは、謙信の義兄・長尾政景が中心になって必死に懇願したり諫言したりして、ようやく謙信は翻意《ほんい》した。時に謙信、二十七歳の出来事である。

この謙信の突然の隠遁劇は、戦国史の謎の一つとされている。なぜ謙信は隠遁しようとしたのだろうか？ その原因として指摘されているのが、隠遁騒動の前年に行われた二回目の川中島の合戦である。この戦いは、両軍が九十日間（百日間ともいう）も対峙するという長期戦になった。

その間、武田信玄は持久戦をとり悠然と構えていたが、短期決戦を望んだ謙信は焦っていた。というのも、自軍の将兵たちの士気が下がり、帰心矢のごとしになっていたからである。そこで謙信は、諸将に誓約書を出すよう求めた。その内容は、

「在陣が何年になっても謙信公のために奮闘します」というようなものだが、そんなものを出させなければならないほど、軍勢は動揺していたわけである。

謙信が隠居したいと家臣団に告げたのは、その合戦がようやく終わり、春日山城に帰った半年後である。そこで指摘されているのが、謙信はこの合戦で士気のあがらない家臣団に愛想をつかして隠退したくなったのではないか、という説である。

前述した天室光育への書状のなかにも、「家臣たちの考えがそれぞれちがい、これでは国主としてうまくやっていけそうにない」というようなことが書かれている。つまり、平たく言えば、部下が自分の思いどおりに働いてくれないので社長を辞めたい、と言っている経営者のようなものである。

ところが、その説には異論があって、本当は謙信と政景が仕組んだ芝居ではなかったか、という説もある。その根拠として、謙信が翻意と引き換えにした条件をあげている。その条件とは、家臣や国人衆、土豪らが一紙連名によって謙信に忠誠を誓うこと、および、その証人として人質を春日山城に差し出すこと、というものである。

この条件をのんだ家臣らは忠誠を誓い、その結果、謙信の家臣団の構成や権力の編成が数段強化された。それこそが謙信が望んだものであり、それを手にするためにひと芝居打ったというわけである。

しかし、謙信のまっすぐな性格から推測すると、はたして謙信はそんな回りくどいことをしただろうか、と疑問に思う。謙信は瞬間的にカッとなり激怒するタイプであり、また非常に厳格で繊細な神経の持ち主でもある。

おそらく、このころの謙信は相次ぐ戦いに疲れ、かつ家臣団が謙信の思うように動かないことに嫌気がさしていたのだろう。そう思うと、すぐに行動に出るのが謙信であり、隠居したいと言ったのは本心だったのではないだろうか。

30 川中島の合戦はなぜ始まったのか？

甲斐《かい》（山梨県）の武田信玄と越後の上杉謙信の戦いである川中島の合戦は、戦国時代の数多くの合戦のなかでもきわめてよく知られている。その理由として考えられるのは、一つには信玄と謙信がともに並みいる戦国武将のなかでも群を抜いて名将であり、また強烈な個性の持ち主だったこと。そしてもう一つには、この合戦が通説によれば一度ならず五度も繰り返され、なかなか雌雄を決することができなかった名勝負だったことによると思う。

ところで、二人はなぜ戦うことになったのだろうか？　戦国時代の合戦の多くは領地をめぐる戦いである。版図《はんと》拡大を目指し他国の領地を侵略しようとする者と、そうはさせまいと自国の領地を死守しようとする者との戦いであることが多い。川中島の合戦もそのパターンに含まれるのかと思いきや、必ずしもそうでもないようなのである。

というのも、川中島は北信濃の千曲川と犀川に挟まれた要衝の地であり、そもそも信玄の領地でも謙信の領地でもなかった。信濃（長野県）は一人の有力大名が支配することなく、複数の豪族によって分有されていた。

そこへ領地拡大を目指し進出したのが、甲斐の信玄である。信玄の侵略行動は、戦国武将の多くが考えたことと同じであるから、戦国武将の通常の行動パターンと言えるだろう。

ところが、その信玄と対峙した謙信の行動には異質なものがある。謙信もまた信濃を領有しようとして越後から出陣したのであれば、謙信の行動も通常のパターンであり、川中島の合戦は信濃の領地をめぐる戦いと見ることができる。

しかし、謙信には信濃侵略の野心はなかった。出陣の動機は、信玄に追われた信濃の豪族たちが謙信に助けを求めてきたからだという。

このへんのニュアンスは、現代の軍事大国アメリカが弱小国に頼まれ、「世界の警察」を自認して他国の領土に出撃するのと似ているところがある。

謙信に助けを求めてきた豪族は、村上義清、小笠原長時らである。義清は北信濃の葛尾城の城主であり、天文十七年（一五四八）には上田原の戦いで信玄に大勝した強豪である。しかし、天文二十二年（一五五三）の戦いで信玄に敗れ、居城を捨てて謙信を頼った。

また、長時は南信濃の林城の城主で、同年、塩尻峠の戦いで信玄に敗れ、越後に落ちのびた。

謙信はこれらの豪族の要請を受けて出陣したといわれるが、たしかに謙信の言動を見ると、信濃を自国の領土にしようとしたとは思えないのである。謙信は義清の要請に応じると、信玄の兵法についてたずねた。義清が説明すると、謙信はこう言った。

「信玄がのちの勝ちを大切にするのは、国を多く取りたいという気持ちがあるからである。私には国を取る考えはなく、のちの勝ちも考えない」

実際、謙信は関東に出陣するたびに勝利するが、領地を自分のものにすることをしなかったので、謙信が越後に戻ると豪族たちは再び北条氏についてしまう。謙信に領地を取る意思があれば、それなりの部将を置いて領国を固めたはずである。それをしなかった謙信にとって、結局、合戦は「義」のために行う義戦なのである。

つまり、川中島の合戦は、信玄にとっては領地拡大のための侵略戦争であったが、謙信にとっては信玄の悪行をただす正義のための戦いだったのである。

31 上杉謙信はなぜ妻女山に陣取ったのか？

永禄四年（一五六一）八月十四日、越後の上杉謙信は居城の春日山城に約二万の兵を残し、一万三千の大軍を率い川中島に向けて出陣した。二日後の十六日、謙信は川中島の北にある善光寺付近に約三千の兵を置くと、約一万の大軍とともに犀川を渡り、さらに川中島を通過して千曲川も渡った。そして、その南岸の妻女山《さいじょさん》に布陣した。

妻女山は春日山城からは六十五キロ、善光寺からでも七キロ離れ、その東方には武田信玄の寵臣・高坂《こうさか》昌信が守る海津城がある。通説によれば、川中島の合戦は天文二十二年（一五五三）から永禄七年（一五六四）までの間に五回あり、天文二十四年（一五五五）に今川義元の調停によって、犀川以北は越後の、千曲川以南は甲斐の領域になっていた。

つまり、千曲川を渡り妻女山に布陣した謙信は、敵の領域に踏み入って陣取ったわけである。それは、敵中深く入ったために退路を断たれるおそれの高い、非常に危険な布陣である。謙信はなぜそんな危険を冒してまで妻女山に陣取ったのだろうか？

謙信は自らを武神である毘沙門天《びしやもんてん》の化身と言い、信玄とともに戦国最強といわれた軍団を率いた合戦の天才である。その軍神・謙信の策を素人の筆者が推測することはなから無理だが、先達の指摘しているところによると、謙信は信玄との戦いに決着をつけようとしたという。

川中島の戦いは五回にわたって繰り広げられたが、この永禄四年の戦いは四回目にあたる。過去三回の戦いでは雌雄を決することができず、村上義清や小笠原長時ら信濃の豪族に頼まれた領地の奪還ができないでいた。そこで謙信は、思い切って敵中深く踏み込み、領地の占有を狙ったというものである。

この謙信の大胆な作戦に、智将・信玄も驚き、「敵中深く入ってくるとは、何か策があるにちがいない」と言って警戒したという。謙信出陣の報せを受けた信玄は、一万七千の兵を率いて川中島に向かった。そして、二十四日、川中島の西方の茶臼山に布陣した。

つまり、信玄の軍勢は茶臼山と海津城で東西に、謙信の軍勢は妻女山と善光寺、春日山城で南北に結ばれたが、それはまた両軍の連絡線がクロスし、互いの連絡線を断つ布陣でもあった。

謙信も信玄もその布陣の意味を充分に認識していたので、互いにうかつには手が出せなかった。こうして両軍は妻女山と茶臼山に陣取り、五日の間、じっと対峙したまま動こうとしなかった。

先に動いたのは信玄だった。二十九日、茶臼山の信玄の大軍は川中島を横切り、海津城付近に移動したのである。つまり、勢力を一か所に集結させたわけだが、この信玄の策もまた謎である。これによって、南北に結ばれた上杉軍によって挟撃されるおそれが出たわけであり、あえて危険を冒した信玄の意図はどこにあったのだろうか？

実際、謙信の部将のなかには、「いまこそ好機」と言って襲撃を進言する者もいた。しかし、謙信は首を縦に振らなかった。謙信は悠然と構え、相変わらず小鼓を打ち謡曲を楽しんでいた。

こうして、両軍は今度は妻女山と海津城付近とで新たに対陣することになったが、この対陣の謎を解くには、さらに十日の日数を要するのである。

32「キツツキの戦法」はなぜ失敗したのか？

永禄四年（一五六一）八月二十九日、茶臼山から海津城へと移動した武田信玄の軍勢は、そこで十日間、妻女山に布陣する上杉謙信の軍勢と対峙していた。その間、両軍の内部に攻撃を促す声が出始めた。

たとえば、上杉軍の兵糧《ひょうろう》はあと十日ほどでつきようとしていた。そこで、春日山の軍勢とともに海津城を襲うことを進言する者がいたが、謙信は動かず、相変わらず琵琶や小鼓の音を楽しんでいた。

そして、ここでも先に動いたのは信玄のほうだった。九月十日の午前一時頃、暗闇のなかを高坂昌幸、飯富《おぶ》兵部らが率いる一万二千の別働隊が密かに妻女山の南方を迂回しながら山頂に向かい、信玄率いる本隊は川中島中央部の八幡原へと向かった。

信玄が用いた策は、別働隊が妻女山を奇襲し、驚きあわてた上杉軍が川中島に駆け下りてくるのを本隊が迎え撃つ、というものだった。キツツキが木肌をくちばしでたたき虫を追い出すようなこの戦法は、「キツツキの戦法」と呼ばれる。信玄の軍師・山本勘介が献策したといわれ、戦国史上に名高い戦法として知られている。

ところが、謙信は海津城に上る煙を見て、それが炊事を急ぐ証拠であり、今夜のうちに襲ってくることを看破した。それまで、どんなに側近の部将が出陣を促しても動こうとしなかった謙信が、ついに動いた。すぐに大軍を下山させ、八幡原へ移動させた。

信玄に見破られないために山頂に篝火《かがりび》をたき、上杉軍が布陣しているように見せかける念の入れようである。こうして上杉軍は、鞭声粛々と夜のうちに千曲川の雨宮を渡ってしまった。

一方、八幡原に布陣した武田軍は、上杉軍が乱れに乱れて転げ落ちてくるのをいまかいまかと待っていたが、いっこうにその気配がない。むしろ、あわてたのは妻女山に着いた別働隊のほうであった。もぬけの殻に気づいた別働隊が青ざめたとき、川中島から合戦の声があがったのである。

奇襲しようとした武田軍は逆に上杉軍に奇襲され、別働隊が下山するまでに大打撃を受けてしまった。

こうしてキツツキの戦法は失敗したが、なぜ作戦は失敗したのだろうか？　伝えられているのは、前述したように謙信が海津城に上る炊煙を見て信玄の奇襲を見破ったからだというが、はたして智将・信玄がそんな「粗末な」策を用いるだろうか？

深夜の午前一時頃に、いかに夜陰に乗じてとはいえ、一万二千もの兵が敵に気づかれずに移動することは可能なのだろうか？　妻女山でも当然のごとく周囲への警戒に余念がなかったはずである。

以上のように考えると、名軍師・山本勘介には失礼かと思うが、キツツキの戦法は奇襲が目的だとしたら非常に拙い戦法と言わざるを得ない。しかし、始めから見破られるための作戦と見れば、実によくできた作戦である。

その作戦をいま一度見直してみよう。まず、信玄は謙信に「これから襲うぞ」と知らせるために炊煙を上らせ、実際に一万二千の大軍に山道や下草を踏み鳴らしながら移動させた。その物音はすぐに上杉軍に気づかれ、信玄の「合図」が嘘でなかったことがわかった。そこで上杉軍はすぐに下山し、信玄の作戦は成功したわけである。

つまり、上杉軍を下山させたところまでは、まさにキツツキが虫を木肌から追い出したかのように成功したと言ってよい。問題は、そのあとである。下山した上杉軍と八幡原で待機していた武田軍が、本格的な合戦に及んだことで、キツツキの戦法は失敗に終わったのである。

33 山本勘介は本当に名軍師だったのか？

武田信玄が川中島の合戦で用いた「キツツキの戦法」は、名軍師・山本勘介の献策によるものと言い伝えられている。ところが、この勘介の存在は昭和四十四年（一九六九）まで多くの史家に否定されており、小説やドラマのなかの架空の人物とされていた。

なぜ勘介の存在が否定されていたかというと、勘介が名軍師として活躍したことを記した史料らしい史料というのが『甲陽軍鑑』しかなかったからである。ほかの信頼できる史料には、勘介の名も、その活躍の記述も見当たらなかった。つまり、勘介は『甲陽軍鑑』をまとめたといわれる小幡《おばた》勘兵衛景憲が創作した人物であり、実在しなかったのではないか、と考えられていたのである。

ところが、昭和四十四年、北海道釧路市の市川良一氏所蔵の古文書のなかから、「使者山本菅助」と書かれた信玄の書状が発見された。書状は、信玄が信州・野沢の豪族・市河藤若に宛てたもので、その最後に「重要な事柄は、使者山本菅助が口頭で伝える」と書いてあった。

この、いわゆる「市川文書」によって、多くの史家から長い間否定されていた勘介の存在は、ようやく認められるようになったのである。

実在が認められた勘介は、三河（愛知県）牛窪に生まれ、四国、九州、中国、関東等、諸国を遍歴し、その間に兵法や築城を学んだ。その後、天文十二年（一五四三）三月、信玄の家臣・板垣信形（信方とも書く）の推挙によって信玄に仕えた、といわれている。

勘介の容貌は、小男で隻眼《せきがん》、右足が不自由で、色黒く醜男だった。今川義元に仕えようとしたが、醜男ゆえにかなわなかったという。ところが、信玄はその醜男の部分に着目した。

「これほどの醜男にあって、その名声が高いのは、よくよく有能な侍であろう」

信玄はそう言って、勘介をとりたてた。勘介はその年の十一月から、信玄の出陣に随行した。そして、信玄はひと月の間に九つの城を落としたが、そのすべてが勘介の武略によるものだったという。

その後、信玄が諏訪頼茂（頼重とも書く）を自刃に追いやり、その娘を側室に迎えようとすると、古参の家老たちはみな反対した。父親を殺され復讐の念の強い娘を側に置くことは危険だというのが、反対理由だった。すると、勘介が一人、異論を唱えた。

「いまや晴信（信玄）公のご威光は盛んであり、諏訪家の親族、家臣たちも謀略を思うことはありません。むしろ、姫に御曹司が誕生すれば、諏訪家の再興も期待でき、家臣は奉公に励むにちがいありません」

信玄はこの勘介の意見をとり入れ娘を側室に迎えたが、以来、信玄の勘介に対する信頼はますます高まった。

こうして勘介は名軍師・名参謀の名をほしいままにしたが、前述した市川文書の使者のイメージとはだいぶ異なる。そこから、勘介は実在したものの、名軍師・名参謀といわれるほどの側近ではなく、書状を運ぶ使い番にすぎなかったという見方もある。

しかし、ひとくちに使者と言っても、作戦上重要な場面では、単なる伝令役だけでなく重要な交渉や密議をまかされることもある。その場合は、知略や弁舌に優れた者でなければ、とても使者として務まらない。山本菅助（勘介）もまた、そんな使者として信玄の名代として野沢におもむいたのではないだろうか。

つまり、勘介は実在し、信玄の知恵袋として側に仕えた軍師、と考えられるのである。

34 武田信玄も上杉謙信も本当に雌雄を決する気だったのか？

武田信玄の「キツツキの戦法」を見破った上杉謙信は、将兵を妻女山から下山させ、早朝の濃霧のなか川中島を北進していた。そして、午前六時頃、上杉軍が八幡原を通過しようとしたとき、濃霧のなかで武田軍と相まみえた。

より驚いたのは武田軍のほうだった。上杉軍がこんな形で現れるとは予期していなかった。上杉軍の将兵は、キツツキの戦法によって穴から追い出された虫のように、妻女山からあわてふためいて逃げ下りてくるはずだったのである。

接触した両軍はすぐに戦いを始めた。上杉軍は「車懸かりの陣」で攻撃した。車懸かりの陣は謙信の独創といわれ、水車が回転するがごとく諸部隊がぐるぐる入れ替わりながら戦う陣形である。一隊が戦い退くと、すぐに次の部隊が打って出るため、常に新しい部隊が戦う強みがある。

対する武田軍は、「鶴翼の陣」を張って攻撃に備えていた。鶴翼の陣は鶴が翼を広げるように部隊を左右に広げた陣形である。

濃霧のなか、にわかに戦い始めた両軍だが、先手を取ったのは上杉軍だった。不意をつかれた形の武田軍は押され、信玄の陣取る本営にまで謙信の将兵に乗り込まれた。信玄の将兵も多数討ち取られ、キツツキの戦法を献策したといわれる山本勘介は自分の失策を知り、敵陣目がけて突入し、壮絶な最期を遂げた。

しかし、妻女山を奇襲した信玄の別働隊が下山し参戦すると、信玄の軍勢は押し返し、謙信の軍勢はさらに北進し、犀川を渡り善光寺平へと退却した。

こうして合戦は終わったが、武田軍一万七千、上杉軍九千四百という大量の死傷者を出した。

また、武田軍では、前述した勘介のほかにも信玄の弟・武田信繁や諸角昌清といった武将が戦死している。

この死傷者数から見ても、永禄四年の合戦が前後五回の川中島の合戦のうち最も激戦であったことが推し量れるが、はたしてこの激戦は信玄、謙信の両将が望んだもの、あるいは予期したものだったのだろうか？　言い換えれば、両将はこの合戦で本当に雌雄を決する気があったのだろうか？

というのは、前項までに述べたように、この永禄四年の合戦には不可解な点が多いからである。

まず、謙信が危険を冒してまで敵中深く進軍し、妻女山に布陣したものの、その後、兵糧がなくなる寸前まで動こうとしなかったのはなぜなのか？

また、茶臼山に布陣した信玄もまた、危険を冒して軍を海津城付近に結集させたのはなぜなのか？

さらに、信玄が謙信に見破られるような炊煙を上らせたり大軍を山中に進軍させたりしたのはなぜなのか？

これらの謎を解く、一つの考えがある。それは両将とも始めから本格的な合戦は望まず、大きな損害をこうむらないまま引き分けることを考えていたのではないか、という考えである。

つまり、謙信が妻女山に布陣したのは、そうすることで敵陣を一定期間占領したことになり、上杉軍の勝利を宣言できるから、というわけである。

たしかに、謙信は関東征伐においても、戦後の領地の維持には関心を示していない。その合戦時の勝利しか頭にないのである。

したがって、この合戦でも兵糧が尽きるまで占領したら、あとは自国へ退却するつもりだったのではないだろうか。

信玄もまた、謙信のその心中を読み取り、茶臼山から移動した。信玄が茶臼山に居続ければ、妻女山と善光寺を結ぶ連絡線は断ち切られ、謙信は川中島を縦走して退却することができない。つまり、このままでは両軍は死闘必至の陣形にあったのだ。

そこで信玄は移動し、謙信のために退路をつくった。さらに、退却の口実を与えるために、炊煙を上らせ、全軍の半分以上を妻女山に向かわせたのである。この絶妙な策を提唱したのが勘介であり、勘介が名軍師、名参謀といわれるのは、そこまで読んだ策を講じたからにほかならない。

こうして両軍は、前三回の合戦同様、戦わずして鉾をおさめるはずだった。ところが、濃霧が両将の思惑を狂わせたのである。濃霧によって両軍は思いのほか接近してしまい、血気盛んな武将たちによって戦闘は始まり、両将の予期しなかった乱戦へと展開してしまったのである。

35　武田信玄と上杉謙信の一騎討ちは本当にあったのか？

本章のプロローグに記したように、武田信玄と上杉謙信は永禄四年（一五六一）の四回目の川中島の合戦で、有名な一騎討ちをしたと伝えられている。武田家の興亡史や武田流軍学などがまとめられている『甲陽軍鑑』にも、一騎討ちのくだりは記されている。

ところが、これには異論が多い。一つは、両雄の一騎討ち自体を否定するもの。もう一つは、一騎討ちはあったが、それは信玄あるいは謙信ではなかったというものである。

たしかに、いかに乱戦だったとはいえ、突進してくる武者から大将を守る将兵が信玄の周りに一人もいなくなったというのは考えにくい。

武田軍の本営での一騎討ちを古くから否定したのは、天海僧正である。天海は徳川家康、秀忠、家光の徳川三代の将軍に仕えた怪僧だが、前述したように、その前半生は謎とされている。

ところが、後年、天海は『甲陽軍鑑』に記された一騎討ちの名場面を、強く否定した。その理由は、両雄の本当の一騎討ちを自分が見たからだ、というのである。天海の目撃談を紹介する前に、なぜ天海が川中島の合戦の場にいたかを説明しよう。

天海はそのころ武田家の祈禱師をしており、信玄が川中島に出陣していると聞いて、陣中見舞いに行った。そこで天海は信玄から「一両日中に謙信との決戦になるから、ここにいては危険だ」と言われた。それでいったんは帰ろうとしたが、翌日、川中島に引き返し、山の上から戦場を見つめていたというわけである。

さて、その天海の目撃談によると、信玄と謙信は御幣川《おんべ》で一騎討ちした。その夜、天海が信玄の陣所を訪れると、信玄は傷つき横たわっていた。

そして、天海が一騎討ちに感服したむねを告げると、信玄は喜ばず、それどころか、「謙信と戦ったのはわしではなく影武者だ。わしが戦ったとは口外してくれるな」と口止めされたという。

天海の言うように、信玄と謙信が互いに望んで進み出れば、たしかに一騎討ちはあったかもしれない。しかし、名将・智将で知られる二人がそんな形で勝敗を決しようとするものだろうか。

そこで考えられるのは、本営での一騎討ちはあったが、その組合せは信玄と謙信ではなかったというものである。たとえば、信玄を襲った武者は謙信ではなく上杉

軍の先鋒の一人・荒川伊豆守長実だった、という説がある。
　また、謙信と戦ったのは信玄ではなく影武者だったという説もある。信玄に影武者がいたことはよく知られており、このとき影武者として戦ったのは信玄の弟の一人・武田信廉《のぶかど》だったという。
　真相はいずれにあるのか、ますますわからなくなりそうだが、そもそも、このように一騎討ちが問題になるのは、信玄はともかく謙信が戦場でも太刀を振りかざすことがあるからではないだろうか。
　永禄四年の合戦のあと、謙信は関白近衛前嗣《さきつぐ》から書状をもらっているが、そのなかで前嗣は、謙信が自ら太刀討ちしたことを比類なきことで天下の名誉だ、と褒めちぎっている。

それから推測できるように謙信が大将自ら戦ったことはまちがいないかもしれない。しかし、信玄と一騎討ちしていれば、前嗣も当然、そのことに触れたのではないだろうか。

また、謙信はのちに永禄四年の戦いを振り返り、法師武者がたくさんいていずれが信玄かわからなかった、と語ったという。

信玄と謙信は互いに認める名将であり、それだけに数次にわたる合戦を楽しむように交えてきた。しかしそれは、あくまでも将兵を動かし勝利するための作戦による戦いであり、なんとしても相手の首を掻き切りたいという個人的な憎しみからくる戦いではない。

したがって、謙信は一騎討ちでの決着を望んだとは思えず、やはり両雄の一騎討ちはなかったのではないだろうか。

36 上杉謙信と一騎討ちしたのは武田信玄の影武者だったのか？

武田信玄と上杉謙信の一騎討ちは川中島の合戦のハイライトであり、戦国史上稀な大将同士の戦いとしてよく知られている。しかし、われわれをわくわくさせるそのロマンチックな戦いには、前述したように、疑問を投げかける声も多く、はたして本当に一騎討ちがあったのかは定かではない。

信玄と謙信の一騎討ちを否定する説の一つに、「影武者説」があることはすでに述べた。謙信が太刀を振りかざして斬りつけたのは、信玄本人ではなく影武者だったというわけである。その影武者の正体は、信玄の弟の一人（武田信虎の四男）・武田信廉だったという説もある。また、信玄のすぐ下の弟（信虎の次男）・武田信繁は、上杉軍が武田軍の本営に迫ろうとするのを見て、「われこそは武田信玄なり」と叫びながら上杉軍に突入し、充分敵を自分に引きつけたうえで、最期は壮絶な死を遂げたという。

つまり、川中島の合戦では二人の弟が影武者となって兄・信玄を助けた可能性があるというわけである。兄弟であれば、その容貌、声質などが似ていることは充分想像がつく。

信廉については、のちの話であるが、こんなエピソードが残っている。信玄が亡くなり「死亡説」が流れると、北条氏政はその真偽を確認しようと使者を甲府に派遣した。使者が主殿に通され待っていると、そこへ「信玄」が現れた。その顔も声もまぎれもなく信玄であると確認した使者は、急ぎ小田原に帰り、信玄が存命であることを氏政に報告した。

ところが、このとき使者に謁見したのは信玄ではなく、信廉だったというのである。そのくらい信廉は信玄に瓜二つだったというわけだ。信廉は信繁が川中島で戦死したあと信玄の影武者を務めたともいわれ、結局、二人の弟はともに影武者の役を務めたのだろう。

『名将言行録』によれば、晴信(信玄)は出陣のとき、いつも影武者を三人連れていて、それによって危ないところを三度まで逃げることができたという。だとすれば、数人の影武者が信玄の身代わりになったはずであるから、影武者は信玄の兄弟だけでなく、ほかにも何人かいたのだろう。いまも各地の古戦場に信玄の墓があることも、各地で影武者が身代わりになったことを連想させる。

もっとも、戦国時代の大名であれば多かれ少なかれ影武者を持つことは考えられるが、なぜこうも信玄の影武者ばかり有名になったのか、むしろそのほうが謎である。

実は、その謎を解く鍵は鉄砲にあったのだ。信玄は鉄砲の威力を認識したときから、それまでの攻撃中心の戦略から守りを固める戦略へと方向転換した。言い換えれば、槍から鉄砲へ武器の主役が変化したのに合わせて、戦略を変えたわけである。

その一つが、全員の甲冑《かっちゅう》を鉄砲に強い鋼鉄製のものに変えたことであり、この全員揃いの甲冑によって誰が大将だか部将だかわからなくなった。影武者というのはその発想の延長にあり、大将が誰だか見分けがつかないようにすることで、鉄砲の標的にならないようにしたのである。

この信玄の徹底した守りの戦略が多くの影武者をつくり、実際、彼らのおかげで信玄は何度も命を救われた。その話が他国の諸将に伝わり、信玄の影武者は戦国史上、特筆すべき存在になったのである。

37 川中島の合戦で勝ったのは信玄と謙信のどちらなのか?

豊臣秀吉は、永禄四年(一五六一)九月十日に行われた川中島の合戦を評して、こう言ったという。

「卯《う》の刻(午前六時頃から八時頃まで)より辰《たつ》の刻(午前八時頃から十時頃まで)までは上杉の勝ち、辰の刻より巳《み》の刻(午前十時頃から十二時頃まで)までは武田の勝ち」

この川中島の合戦は、早朝から昼過ぎまで行われた。武田軍一万七千、上杉軍九千四百という大量の死傷者を出した未曾有《みぞう》の大激戦である。

ところが、それほどの合戦にもかかわらず、その勝敗については評価が一定していない。つまり、武田軍と上杉軍のどちらが勝ったのか、いまだに定説を見ないのである。

武田軍の勝利と見る説の最大の根拠は、上杉軍を川中島から退却させたことにある。上杉謙信率いる軍勢がいったんは千曲川を渡り妻女山を占拠したが、結局、川中島は元の状況に戻り、武田信玄は北信濃を確保した。ゆえに、武田軍の勝利だというわけである。

一方、上杉軍の勝利と見る説では、まず両軍の死傷者数をくらべて、その被害の差を理由とする。前述したように、死傷数は武田軍のほうが上杉軍を上回っている。また、上杉軍には著名な武将に戦死者がいないのに対して、武田軍では信玄の弟・武田信繁をはじめ諸角昌清、山本勘介といった名だたる武将が戦死していることも、上杉軍勝利の根拠とする。

双方、それぞれもっともな説であるが、冒頭の秀吉が言うように両軍「痛み分け」とする説もある。

たしかに、戦局の流れから見ると、前半は「キツツキの戦法」を見破った上杉軍が八幡原に待機していた武田軍を急襲し、信玄の本営まで攻め込んでおり、上杉軍が優勢だった。

ところが、妻女山からあわてて下山してきた武田軍の主力一万二千が参戦すると、今度は逆に上杉軍が追いやられ、その結果、北への退却を余儀なくされている。

つまり、前半は上杉軍の勝利、後半は武田軍の勝利で、引き分けというわけである。

しかし、伝えられる死傷者の数が正しければ、後半もけっして武田軍の勝利とは言えないのではないだろうか。両軍の兵力は、武田軍二万（八幡原八千＋別働隊一万二千）、上杉軍一万三千（妻女山一万、善光寺三千）。このうち武田軍は一万七千（総勢の八五パーセント）が戦死したり傷ついたりしている。それに対して、上杉軍は九千四百（総勢の七二パーセント）。

この数字を見ると、武田軍は一万二千の主力部隊が参戦したあとも相当の被害をこうむっている。ということは、後半戦も上杉軍の猛攻はしばらく続き、さんざん蹴散らしたあとで、いよいよ戦局が不利になったのを見て退却したというのが真相ではないだろうか。

そうなると、前半後半を通じて戦局を支配していたのは上杉軍であり、結果的に退却したとはいえ、両軍の損害をくらべれば上杉軍の勝利は揺るがないように思う。

そして、上杉軍の勝利をいちばん確信したのは、ほかならぬ信玄ではないだろうか。信玄はその死期に及び、後嗣・武田勝頼にこう言ったという。

「我が死後、天下は独り謙信あるのみ」

この言葉をはいたときの信玄の脳裏には、永禄四年の川中島の合戦で思い知らされた上杉軍の強さがよみがえっていたにちがいない。

38 川中島の合戦で信玄と謙信が得たものは何だったのか？

武田信玄と上杉謙信は、通説によれば、川中島で五回戦った。その間、信玄が北進したり謙信が南進したりしたが、両雄は激突を避けるようにした。唯一、永禄四年（一五六一）九月十日の四回目の合戦だけは、両軍が衝突し、大激戦になった。

しかしそれは、両雄が望んだものではなく偶発的に起きた戦いだった。

それは、信玄も謙信も互いの力を認めていたので、本格的に戦えば両軍ともに大変な損害をこうむることは目に見えていたからである。そこで両雄はいかに損害を少なくして相手に勝つかを考えた。

その結果、川中島の合戦は基本的に陣取り合戦になり、片方が川中島に侵略して陣地を占有しようとすると、もう片方がそうはさせまいと出陣する。すると、侵略した方が退却し、川中島は元の状況に戻る。

こんな綱引きのような戦いを五回繰り返した結果、川中島は信玄の支配下になった。押しては引き引いては押しながらも、信玄は北信濃をわがものとしたわけである。その意味では、個々の合戦では謙信に敗れたこともあったが、川中島の合戦の最終的な勝者は信玄だったということができるだろう。

しかし、信玄と謙信にとって、この合戦は大きな代償を払うことになった。川中島という中央から遠く離れた北信濃の地をめぐって、両雄がこの合戦に精力を費やしている間に、一人の戦国武将の台頭を許してしまったのである。

その男の名は、織田信長。戦えば信玄や謙信の足元にも及ばなかった信長は、両雄が長く対峙している間に着実に力をつけていった。

両雄が初めて川中島で対峙した天文二十二年（一五五三）の二年前に、信長は父・織田信秀の死に伴い家督を継いだ。その後、信玄と謙信が二回目の合戦に臨んだ弘治元年（一五五五）に、信長は守護代の織田彦五郎を滅ぼし、尾張の那古野城から清洲城に移った。

そして、信長に天下取りを意識させることになった歴史的な戦いが、永禄三年（一五六〇）、つまり、大激戦になった四回目の合戦の前年に繰り広げられた。信長が今川義元を破った桶狭間《おけはざま》の戦いである。この戦いで信長は一躍武名をとどろかせた。

さらに、その二年後の永禄五年（一五六二）には、これまた台頭してきた三河の徳川家康と同盟を結び、尾張の統一をはたした。

このように、信玄と謙信が北信濃で対峙している間に、両雄が恐れるに足りない相手と見ていた信長が力をつけてしまった。まさに信長は漁夫の利を得たわけである。

もし信玄と謙信のどちらか一方が別の時代に、あるいはもっと遠い国に生まれていたならば、両雄はこうも長く対峙することはなく、さっさといずれかが甲信越を支配していたにちがいない。そして、病魔に襲われさえしなければ、天下統一をなし遂げたのではないだろうか。

つまり、天下取りを目指す信玄、謙信にとって、川中島の合戦はあまりにも時間のロスの多い戦いだったのである。言い換えれば、まれに見る名将二人が同時代に、かつ近国に生まれたことが、両雄にとって最大の不運だったと言えるかもしれない。

第4章
下剋上の時代の謎

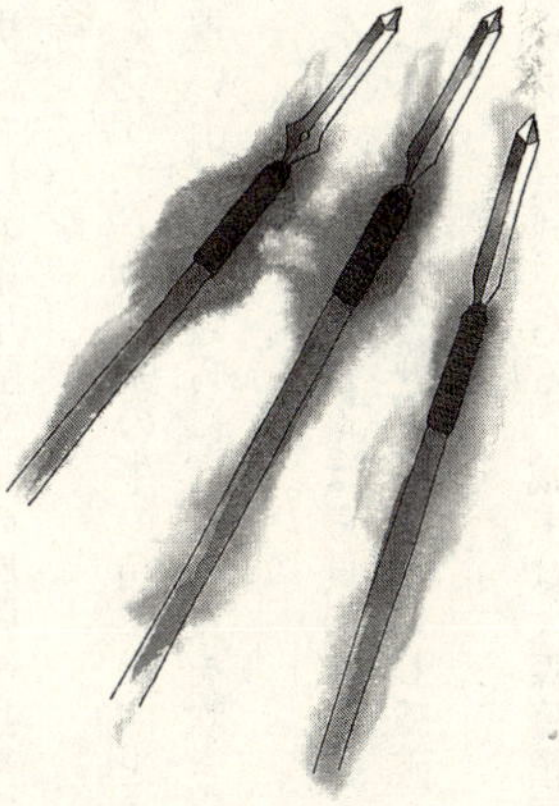

プロローグ

明応四年(一四九五)二月十六日夕刻、相模《さがみ》(神奈川県)小田原領内の石橋・湯本付近には、勢子《せこ》(狩猟で鳥獣を狩り出す人夫)や犬飼に装った何百人もの男たちが、竹槍を手にして、潜んでいた。男たちは北条早雲配下の屈強な兵や戦《いくさ》なれした兵たちであり、時が訪れるのを待っていた。

やがて、日が没すると、男たちは合図を受けて、数十頭の牛の角に松明をつけた。そして、夜になると牛を箱根山に追い上げた。さらに、ほら貝を吹き、鬨の声をあげた。

山中に赤々と燃える松明の火と、ボオーオーッと鳴り響くほら貝の音。さらには何百人もの兵があげる鬨の声によって、箱根山の静寂は一瞬にして破られ、戦が始まった。

早雲の軍勢がめざした敵陣は堅塁を誇る小田原城である。城主は大森藤頼。しかし、城内には、上杉の合戦に加勢するために多くの兵が出払っていたため、城を守る兵は少なかった。

その城兵たちも突然の奇襲にあわてふためき、防ぐすべがないことを知ると、我先にと城を出て、逃げ去っていった。こうして早雲は、念願の小田原城をやすやすと手にしたのである。

*

北条早雲は「戦国の三梟雄《さんきょうゆう》」の一人といわれ、「下剋上《げこくじょう》」の時代の象徴的な戦国武将である。前述した小田原城の攻略は、伊豆（静岡県）に進出した早雲が、さらに関東に出ていくための第一歩であった。

小田原城は関東の西からの入口であり、早雲はかねてからこの城を虎視眈々《こしたんたん》とねらっていた。しかし、この城は扇谷《おうぎがやつ》上杉の名将・大森氏頼が守っていて、早雲はなかなか手が出せなかった。

ところが、明応三年（一四九四）、早雲にとって千載一隅の好機が訪れた。八月に氏頼が病死し、九月には氏頼同様、扇谷上杉の重臣・新井城主の三浦時高が自殺に追いやられた。

この扇谷上杉氏にとっての大打撃に直面し、当主である上杉定正は早雲を頼った。早雲は定正に味方し、十二月には共に武蔵に軍を進め、宿敵・山内《やまのうち》上杉顕定の軍勢と対決した。

すると、その戦のさなかに定正が落馬し、それが原因で急死してしまったのである。

扇谷上杉の重要な三人の武将が相次いで死ぬと、早雲は扇谷上杉を見限り、関東支配の野望を大きくした。その手はじめが小田原城の攻略だった。氏頼の後を継いだ子の藤頼が暗愚であると知ると、早雲は一年ほどかけて藤頼に近づき、信用を得た。

そして、明応三年、早雲は藤頼に、「自国で鹿狩りをしたために、鹿が箱根山に逃げたようです。そこで、勢子をあなたの領内に入れて、鹿をこちらに追い返したい。あなたの領内に大勢の人を入れることになりますが、お許しいただければありがたい」と願い出た。

暗愚な藤頼は、それが早雲の夜襲の企てであることを見抜けなかった。藤頼は早雲の申し出を許し、その結果、城を奪われたわけである。

藤頼からすれば、なんとも憎たらしい、狡猾な手を使う早雲は、たしかに梟雄と呼ぶにふさわしい男であろう。しかし、早雲からすれば、暗愚な武将をだますことは、自分の野望をかなえるための一手段にすぎなかったにちがいない。

戦国時代のこの時期、早雲のように、おのれの出世、領国支配という野望をかなえるために、力によって上の者から権力や地位を奪い取る武将が何人もいた。三梟雄の残りの二雄である斎藤道三《どうさん》や松永久秀らが、とくに名を知られているが、ほかにも多くの戦国武将がすきあらば上へ上へとのし上がろうとした。

そんな社会風潮を下剋上という。下剋上は、江戸時代に確立された「忠君」という倫理観から見ると「不忠」であり、武士として恥じるべきことである。早雲や道三、久秀らが後世悪く言われるのも、こうした忠君の倫理観と相容れなかったからであろう。

しかし、その批判ははたして正しいものなのだろうか？　戦国時代という時代にあって、こうした武将たち、男たちがのし上がったことは非難されるべきことだったのだろうか？

本章では、そんな下剋上の時代を生き抜いた戦国武将のミステリーを追いながら、下剋上とは何であったのかを考えてみたい。

39 朝倉孝景はなぜ一乗谷を本拠にしたのか？

越前（福井県）の国人《こくじん》領主・朝倉孝景（はじめ敏景を名のる）は、文明三年（一四七一）に守護大名となり、その本拠を坂井郡黒丸から一乗谷へと移した。一乗谷は越前平野から山間地帯に入るあたりの狭小の地である。孝景は足羽《あすは》川の支流・一乗谷川沿岸、南北六キロの谷部に、朝倉氏の居館をはじめ武家屋敷や町屋、寺院などを集めた。

その城下町の南北にはそれぞれ城戸《きど》をつくり外部からの侵入を防ぎ、また、東方の一乗城山には山城を構え、西方の山には櫓《やぐら》や見張り台を置いた。まさに一乗谷の本拠は、要害堅固な防衛都市である。

孝景は初期の戦国大名の代表とも言うべき武将であり、下剋上の雄でもある。越前国守護の斯波《しば》氏の相続争いでは守護代甲斐常治と組んで斯波義敏を追い出し、斯波義廉《よしかど》を立てた。この相続争いが応仁の乱の引き金の一つになり大乱が勃発すると、孝景は義廉を立てた手前、山名宗全を総大将とする西軍に加担した。

そこで武功を挙げると、東軍の総大将・細川勝元は寝返りを条件に越前国守護職を孝景に約束した。すると、孝景はあっさりと東軍に寝返り、守護大名の地位を手にしたのである。

こうして孝景は本拠を一乗谷に移したが、ここで一つ謎がある。それは、守護大名として越前国を治めるのなら、交通も不便で狭小な山間地に本拠を移すより、広い越前平野の中心、たとえば北ノ庄（福井市）に本拠をおいたほうがよかったのではないか、という疑問である。

実際、その後、一乗谷はすぐに手狭になり、城戸の外にまで町を広げざるを得なくなっている。そんなことは、本拠を移すときからわかっていたはずである。では、なぜ孝景は一乗谷に本拠を移したのだろうか？

孝景は合理主義者といわれ、孝景が定めた有名な家訓「孝景十七箇条」は、その精神でつらぬかれている。また、一乗谷に家臣や商人、職人などを集めたのも、城下町集住政策の最初として高く評価されている。孝景が初期戦国大名の代表といわれるゆえんである。

その合理的で開明的な孝景にしても、のちの戦国大名のように交通至便な平野部で領国経営をできなかったのは、孝景の守護大名の地位がきわめて不安定なものだったからである。下剋上の雄として、敵味方を入れ替わりながら守護代、守護の地位をなかば強引に奪った孝景は、国人や土豪から敬服されながら頂点に立ったわけではない。一説には、孝景の守護職任命は正式なものではないともいわれている。そんな守護大名の孝景は、自分の地位もいつまた他の国人や土豪からねらわれるか分からない、と考えたのではないだろうか。そうであれば、孝景が構える本拠は交通や経済の面で発展性のある平野部より、城砦のような防衛力に優れた山間部のほうがより適していたにちがいない。

もっとも、孝景の時代には無理であっても、のちの子孫の代に、機を見て本拠を越前平野に移したならば、朝倉氏の領国経営はまたちがったものになっていたはずである。そうであれば、織田信長に滅ぼされるという歴史もまた、書き換えられていたかもしれない。

40 太田道灌はなぜ上杉定正に暗殺されたのか？

文明十八年（一四八六）七月二十六日、太田道灌《どうかん》は相模国糟屋（神奈川県伊勢原市）の主君・上杉定正の居館に招かれ、湯を浴びていた。するとそこへ、物陰に潜んでいた曽我兵庫が突然現れ、道灌に斬りつけた。刀も槍ももたない道灌は、立ち上がって構えたところを討たれた。道灌は「当方（上杉家）滅亡！」と叫び、崩れるように倒れ、息をひきとった。

こうして道灌は、暗殺という卑劣な手段によって五十五年の生涯を終えた。その最期の状況については異説があって、道灌は居館に押し寄せた大勢の刺客と戦ったあと、別室に入って自害したという説もある。また、その際に辞世の歌を詠んだともいう。しかし、最期に辞世の歌を詠んだというのは、道灌が歌人としても知られていたことから、後世につくられた話ではないだろうか。真相はやはり浴室で暗殺されたのだろう。

それにしても、なぜ道灌は主君の定正に殺されなければならなかったのだろうか？　道灌は、それまで山内上杉家にくらべ弱体だった扇谷上杉家を発展させ、定正を喜ばせた。その大功ある道灌を、定正はなぜ殺さねばならなかったのだろうか？　その理由について、定正はこう語った。

「道灌は、江戸城や河越城を修築し、山内上杉顕定に対し不義な企てをしていたので、私は再三、道灌のもとに使者を送って注意したが、道灌はこれを無視して謀反しようとした」

もちろん、道灌に謀反などという邪心はなく、江戸城や河越城の修築は敵対する山内上杉顕定に備えてのものだった。ところが、定正は道灌の名声が上がることに嫉妬し、道灌を見る目が曇り、判断を誤った。そして、その定正の嫉妬心に乗じて、道灌謀反の流言を広めたのが、ほかならぬ顕定だったともいう。また、顕定が定正に密使を派遣し、道灌を亡き者にすれば和睦してもいいと甘言を弄した、ともいわれている。

つまり、顕定にとって道灌は目の上のタンコブであり、道灌さえいなければ愚鈍な定正など目ではなく、扇谷上杉の勢力を弱めることができると考えていた。実際、顕定は道灌の死後、定正を攻め、定正は道灌の子や国人衆にも見放され、孤立してしまった。

ところが、この時期、顕定と同様に道灌さえいなければ、と考えていた男がもう一人いた。北条早雲である。早雲は、今川家のお家騒動の際に道灌に会っている。

このとき定正は、内乱の平定という名目で道灌に兵をつけて駿河（静岡県）に派遣したが、それは、あわよくば駿河を乗っ取ろうという考えである。この危機を救ったのが早雲であるといわれている。そして、このとき早雲は、道灌が自分の野望の前に立ちはだかる男であることを知ったにちがいない。

早雲もまた、道灌さえいなければ両上杉を滅ぼすことができる、と考えた。早雲は三嶋大明神に参籠したときに、二本の大きな杉を鼠《ねずみ》がかじり始める霊夢を見た、といわれている。早雲は子《ね》の年の生まれであり、つまり、この夢は早雲が両上杉を倒すという意味である。

その後、早雲は両上杉を倒す計画を立てたといわれ、道灌の死後、それを現実のものとした。永正十三年（一五一六）、早雲は両上杉方の有力豪族である三浦義同《よしあつ》・義意《よしおき》父子を討ち、相模国のほとんどを手にした。まさに、道灌の最期の言葉どおりになったわけである。

こうして見ると、定正に道灌を討たせ、さらに両上杉が対立し、衰退するのをじっと待ち、最後に「総取り」したのが早雲であることがわかる。ということは、定正が道灌暗殺に走るように流言を広めたのが早雲だった、とも考えられなくもない。道灌は、同時代（二人は同年の生まれといわれている）に早雲という希代の策謀家と相まみえたことが不運だったのかもしれない。

41 北条早雲は本当に今川家の危機を救ったのか？

文明八年（一四七六）二月、駿河の守護大名・今川義忠が一揆にあって討ち死にした。すると、義忠のあとの家督をめぐって今川家は二派に分裂し、いわゆるお家騒動に発展した。

一派は世継ぎとして義忠の従弟・小鹿《おが》範満を立て、もう一派は北川殿の子・龍王丸（のちの今川氏親《うじちか》）を立てた。龍王丸は嫡子とはいえ、まだ四歳（六歳ともいう）の幼子であり、大勢は範満についていた。そこで、北川殿と早雲は内紛にまき込まれることをおそれ、龍王丸を隠した。

しかし、そのあとも内紛は収まらず、ついに関東公方の足利政知は鎮撫《ちんぶ》使として上杉政憲を、また、扇谷上杉定正は太田道灌を派遣した。それぞれ三百余の軍勢を従えており、それは鎮撫とは名ばかりの内政干渉であった。

政知も定正も、あわよくばこの混乱に乗じて駿河を乗っ取ろうという考えであり、今川家の危機であった。

この危機を救ったのが、伊勢新九郎こと北条早雲だといわれている。早雲はこの頃、姉（妹ともいう）・北川殿の縁故で今川家に寄寓していた。早雲は政憲、道灌の陣所を訪れ、弁舌巧みに調停策を進言した。

「今川家の家臣が二つに分かれて争っていては今川家滅亡のもとになる。そこで、両派が調停策を受け入れなければ、私も彼らと戦うしかない。しかし、調停策を受け入れ和睦するのであれば、私は龍王丸殿をお連れしましょう」

両派が和睦し龍王丸が家督を継げば、政憲も道灌もそれ以上干渉することはできず、引き上げるしかなかった。

こうして早雲の調停は成功し、この功績によって早雲は興国寺城を与えられた、というのが通説である。

しかし、この今川家の内紛を収拾させたのは、本当に早雲だったのだろうか？というのは、そこで決まった結論は、けっして早雲や北川殿の龍王丸一派にとってはありがたい内容ではないからである。政憲と道灌、早雲の三者協議で決まったのは、龍王丸が成人するまで領国経営は範満が行い、成人ののち龍王丸に譲るというものである。

これを、今川家の危機を救うために早雲が譲歩したともとれなくもないが、どう見ても範満一派の勝利である。実権をにぎってしまえば、成人後の約束などどうにでもなる。

実際、道灌が駿河に派遣されたのも範満支持のためであり、道灌自身、帰国にあたって「目的を遂げた」と書いている。また、政憲も範満の祖父にあたり、範満支持であった。

つまり、内紛を収拾させたのは早雲ではなく、政憲と道灌だったということである。早雲は政憲と道灌から「範満の執政」を突きつけられ、やむなくそれをのんだ、というのが真相ではないだろうか。

それが不本意な調停策であることは早雲自身がいちばんよく自覚しており、その証拠に十二年後の長享元年（一四八七）十一月、早雲は範満を急襲して殺害し、龍王丸を擁立した。

早雲が興国寺城を与えられたのは長享二年（一四八八）であるから、範満殺害の功績によって城を与えられた、と考えるほうが自然ではないだろうか。

ちなみに、その前年の文明十八年（一四八六）七月、道灌は定正に暗殺され、内紛のときの早雲にとっての憎き相手が相次いで亡くなっている。

42 斎藤道三はなぜ子の義龍に殺されたのか？

美濃の戦国大名・斎藤道三は、「戦国の三梟雄」の一人といわれている。梟雄、すなわち、残忍で強い人物のことである。その残忍ぶりは、たとえば、軽い罪を犯した者でも牛裂きにしたり釜で煎ったりしたというから、相当なものである。

道三はまた、「まむしの道三」といわれ、次々と主君を襲いながら成り上がった下剋上の代表のような人物でもある。道三は始め松波庄五郎と名のっていたが、美濃の土岐家の重臣・長井長弘に仕え、長井家の家老・西村家の家督を継ぐと、西村勘九郎と称した。その後、勘九郎は美濃の守護・土岐盛頼の弟・頼芸《よりなり》に近づき、頼芸をそそのかして盛頼を追放した。

頼芸を守護に据えた勘九郎がやりたい放題にふるまうと、長弘と対立するようになった。すると道三は長弘を謀殺して、長井新九郎と名を改め、長井家を乗っ取った。さらに道三は、斎藤家の養子となり、斎藤山城守秀龍《ひでたつ》、斎藤道三と改名し、ついに頼芸をも追放して、美濃の守護の座を奪い取ったのである。

ところが、これだけ冷徹で抜け目のない道三であるにもかかわらず、その最期はあっけない感じがする。弘治元年（一五五五）、嫡子・（土岐）義龍《よしたつ》との間に戦が始まった。義龍は道三の実子ではなく、頼芸の子といわれ、実際、道三は義龍をうとんじてきた。義龍もそれを自覚し、このままでは自分も殺されると思い、兵を挙げたという。義龍の軍勢一万七千、対する道三には二千七百の兵士しか味方しなかった。わずかな手勢で奮戦し、翌年まで持ちこたえた道三であったが、四月十八日、死を覚悟した。そして、織田信長に領国の譲り状を書き送った。また、末子にも手紙を送り、信長に領国を任せたことを伝えている。

信長は道三の娘・濃姫《のうひめ》をめとっており、道三は信長の舅だった。道三から報せを受けた信長は、舅を救おうと美濃に兵を出したが、四月二十日に道三は城田寺《きだいじ》村で討ち死にした。信長の援軍は間に合わなかったのである。

この道三の死は、出生の秘密を知った義龍による復讐ともいわれるが、それにしても、まむしと恐れられた道三にしてはあまりにあっけない最期ではないだろうか。なぜもっと早く婿の信長に援軍をたのまなかったのだろうか？　義龍に勝とうしたならば、そうするのが自然ではないか。なぜ道三は負け戦とわかっていながら戦い、討ち取られたのだろうか？

その答えとして考えられるのは、信長の存在である。道三は信長と対面して以来、その力を見抜き、やがて信長の天下がくることを確信した。その信長にとっ

て、最大の課題は美濃攻略であった。が、そこに舅の自分がいるかぎり、美濃侵略はできない。このままでは信長の天下取りの邪魔になるだけである。
そこへ、義龍が挙兵した。道三は好機到来と見た。自分が討たれることで信長は舅の仇討ちという大義名分ができ、美濃侵略ができるからである。そこで道三はすぐには信長に援軍をたのまず、遺言として国を信長に譲った。
その後、信長は義龍と戦ったが、永禄四年（一五六一）に義龍が病死し、子の龍興があとを継いだ。すると、信長は本格的に美濃を攻め、ついに永禄十年（一五六七）八月、稲葉山城を攻め落とした。信長は道三の読みどおりに美濃を手中にしたわけである。

43 陶晴賢はなぜ主君・大内義隆を殺害したのか？

天文二十年（一五五一）八月、西中国の守護大名・大内義隆の重臣・陶晴賢《すえはるかた》（当時は隆房）は、五千の大軍を率いて山口の大内館を襲撃した。義隆の兵士は少なく、ほとんどが逃げ散ったが、前関白の二条尹房《ただふさ》や前左大臣の三条公頼《きんより》は逃げる途中で殺された。

そして義隆も、長門（山口県）の大寧寺《たいねい》まで逃れたものの、九月一日にそこで自害した。その後、晴賢は大友宗麟《そうりん》の弟・晴英（のちの大内義長）を大内家の当主に据えた。

こうして晴賢は主君・義隆を弑逆《しぎゃく》し大内家の実権をにぎったために、歴史上、下剋上の申し子のように伝えられている。しかし、義隆に代わり自分が西中国の守護大名になりたかったのであれば、北条早雲や斎藤道三のように自分が当主の座を奪ったほうが手っ取り早いはずである。

晴賢はそうはしないで、晴英（義長）を擁立した。いったいなぜ晴賢は義隆を自害に追いつめたのだろうか？

その謎を解くために、少し義隆について見てみよう。義隆が父の大内義興から家督を継いだ頃、大内氏は周防《すおう》、西中国の長門、石見《いわみ》（島根県）から九州の豊前、筑前、肥前（佐賀県）まで支配する全盛の時代にあった。

ところが義隆は、家督を継いだ当初こそ戦に関心を示したが、天文十一年（一五四二）に尼子氏を深追いして惨敗したあとから、戦に関心を持たなくなった。その後は貴族趣味に走り、京都から公卿や芸能人を招き、もっぱら学問や芸事に夢中になっていた。

そんな文弱の主君に対して、反感を持つ家臣も少なくなかった。その代表である晴賢は、義隆とは対照的に文化にはまったく興味を示さず、「西国無双の侍大将」といわれたほどの武将である。したがって、二人は、はなからそりが合わなかった。

やがて「晴賢謀反」の噂が家中に広まり、重臣の内藤興盛や杉重矩《しげのり》は晴賢を討つよう義隆に進言した。しかし、優柔不断の義隆は動かなかった。その後も義隆の贅《ぜい》沢《たく》三昧の生活は変わらなかった。

すると、家中の大半が晴賢に味方するようになり、興盛や重矩までが晴賢側に回った。それどころか、領民までが晴賢謀反の噂を聞いて、それを期待するようになっていた。というのも、義隆の贅沢な生活は領民への重税によって成り立っていたからである。

天文十九年(一五五〇)、晴賢は謀反の計画を進めるために、自分の領地である若山城へ帰った。そして、その翌年に謀反は実行された。

こうしてみると、晴賢が主君・義隆を殺したのは私怨によるものではないことは明らかである。また、領国を乗っ取ろうとしたものでもない。大内氏の実権をにぎったといっても、もともと陶氏は大内氏の家臣のなかでは最も重きを置かれていた家柄であり、昔から権力があった。

したがって、晴賢の謀反は、大内家の存続のために、文弱の徒の義隆を抹殺した忠義からの行動と見えなくもないのである。

ちなみに、前述した尼子氏征伐のために遠征した天文十一年の戦では、その撤退のときに、晴賢は食糧も尽きかけ疲弊する兵士に自分の米を与えたという。

44 毛利元就はなぜ厳島の合戦で陶晴賢に勝ったのか？

弘治元年（一五五五）九月二十八日、安芸（広島県）の廿日市沖に数百艘《そう》の船が姿を現した。船は、毛利元就率いる毛利軍と陶晴賢率いる大内軍の合戦のために来援した村上水軍の軍船だった。両陣営は、この船団の到着をいまかいまかと首を長くして待っていた。

実は、村上水軍は両軍から来援を依頼されていたのである。それほど、この合戦では村上水軍の力が重要な鍵になっていた。元就は村上水軍の軍船を借りて、厳《いつく》島《しま》に軍団を渡海させようと考えていた。一方、晴賢は大内水軍と村上水軍の軍船によって、制海権を掌握しようという作戦だった。

軍勢の比は大内軍の二万に対して毛利軍四千であり、大内軍が圧倒的に優勢である。したがって、村上水軍までが大内軍に味方すれば、勝敗の行方は戦うまでもないくらい明らかだった。

その意味では元就のほうが、必死である。しかも、囮《おとり》として築城した宮ノ尾城は晴賢の攻撃にあって、陥落目前だった。すぐにでも上陸しなければ、味方を見殺しにしてしまうところだった。

元就のほうにも水軍がないわけではなかったが、その数は百数艘であり、作戦を遂行するには数が足りなかった。それでも、しびれを切らした元就は、村上水軍の来援を待たずに作戦を決行しようとした。船影が見えたのは、まさに、その矢先だった。

両陣営が固唾《かたず》を飲んで見守るなか、船団は東から西へとゆっくりと進み、進路を右にとり、毛利軍が陣する廿日市沖に向かい、錨を下ろした。村上水軍の態度が明らかになった瞬間である。毛利軍の陣所からいっせいに歓声があがり、元就もまた喜んだ。

こうして村上水軍の来援を得た元就は、翌二十九日の夕刻、地御前火立岩《じのごぜほたていわ》から全軍を出航させ、元就率いる本隊三千を厳島の包ヶ浦に上陸させた。

そして翌十月一日払暁、大内軍の本陣である塔ノ岡の背後から奇襲し、さらに厳島の鳥居前から上陸した小早川隆景率いる一隊一千とで挟撃することで、大内軍は総崩れになった。

大内軍は大元浦に逃げたが、自軍の船は村上水軍によって壊滅していた。退路を断たれた将兵はことごとく討たれ、晴賢もまた大江浦まで逃れたが、その岩陰で自刃して果てた。

この厳島の合戦は、元就が五分の一の軍勢にもかかわらず奇襲によって勝利した、と伝えられているが、その大きな勝因は村上水軍の来援だった。逆の大内軍からすれば、村上水軍を味方にできなかったことが大きな誤算だった。

では、なぜ村上水軍は優勢と見られた大内軍ではなく劣勢の毛利軍に味方したのだろうか？　実は、その陰には一人の武将の働きがあった。小早川水軍の提督・浦宗勝（乃美宗勝ともいう）である。宗勝は元就の命を受けて、村上水軍に協力を依頼した。もちろん、大内軍からも使者が村上水軍に派遣されていた。

村上水軍は「三島村上水軍」といわれるように、因島《いんのしま》、能島《のじま》、来島《くるしま》の三村上氏から成っていた。このうちの因島村上氏の当主と宗勝は姻戚関係にあったものの、三村上氏が危険を冒してまで劣勢の毛利氏に味方する理由はなかった。

なかでも、来島村上氏は伊予（愛媛県）の河野氏の直属水軍だったが、大内軍が勝利すれば、その後、毛利氏に味方したことで滅ぼされることを恐れた。そんな三村上氏に決断させたのが、宗勝だった。

言い伝えによると、毛利軍も大内軍も来島村上氏から軍船を借りようとしたが、大内軍の使者が何も言わずに借りようとしたのに対し、宗勝は「一日だけ借用したい。厳島に渡ったら、すぐに返します」と言った。これを聞いた来島通康《みちやす》は毛利軍の勝利を確信し、船を貸し与えたという。

45 武田信玄はなぜ父の信虎を追放したのか？

天文十年（一五四一）六月四日、甲斐の領主・武田信虎は、信濃の佐久から凱旋した。佐久を本拠とする平賀氏を征圧しての帰国だった。その十日後、信虎は駿河の今川義元のもとへ出かけた。義元の妻は信虎の娘であり、信虎は義元の舅だった。

すると、信虎の嫡子・武田信玄は、甲斐と駿河の国境を閉鎖し、父をそのまま駿河に追放した。信虎はその後、二十五年間、今川氏の食客となり、八十一歳で信州高遠で死ぬまで郷里の地に足を踏み入れることを許されなかった。

この信玄の父親追放を知った上杉謙信は「信玄は親不孝者」と非難したというが、信玄がなぜ父親を追放したのかについては、古くから諸説紛々としていて真相は明らかにされていない。主な説は三つある。

一つ目の説は、信虎が長男の信玄をうとんじ、次男の信繁を偏愛して家督を継がせようとしたことが、原因だというもの。『甲陽軍鑑』による説で、それによれば、信玄は父・信虎のもとへ使者を送り、信虎秘蔵の鹿毛の馬を所望した。すると信虎は、「勝千代（信玄）はまだ若年だから、あの馬はふさわしくない。来年元服のときに、武田家に伝わる太刀や刀、脇差、御旗、鎧などと一緒に、あの馬も贈ろう」と返事した。ところが、信玄が重ねて馬を所望したため、信虎は怒り、「代々家に伝わるものを譲ってやると言っているのに、それがいやだと言うなら、次郎（信繁）を惣領《そうりょう》とし、父の命令を聞けない者は追い出すぞ」と答え、太刀を抜いて使者を追い払った。

その後も信玄は信虎にうとんじられ、冒頭に述べた平賀氏の征圧でも、しんがりを務め手柄を立てたにもかかわらず、信虎から「臆病者」と非難された。そこで信玄は今川義元と共謀して、信虎を駿河におびき寄せ、その間に謀反を起こしたという説である。

ちなみに、信玄は生まれたときから容貌魁偉《かいい》で、それにくらべ信繁は容色が美しかったという。信虎もまた悪相であったことから、自分に似た異相の信玄を嫌い、見た目のよい信繁を偏愛したというのは、考えられなくもない。

しかし、それほど信玄は家督を信繁に奪われることを恐れたとしたら、信繁との間にいさかいが生じても不思議でないが、二人の間にはまったくそういう痕跡はない。むしろ信繁は川中島の合戦で信玄の影武者として命を差し出したように、信玄に忠誠をつくしている。したがって、この説が信虎追放の真相とは思えない。

二つ目の説は、今川氏を攻略するために信虎と信玄が共謀して芝居をうったという説である。つまり、信虎が駿河に行ったのは、今川氏の内情をスパイして信玄に情報を提供するためだったというもの。しかし、この説では、義元が亡くなり今川氏が衰退したあとも信玄が信虎の帰国を認めなかったことが、うまく説明できない。よって、この説も信虎追放の真相とは思えないのである。

結局、三つ目の説が、最も真相に近いように思える。それは信虎の悪行により家臣団や中小の豪族、領民などの心が信虎から離れ、このままでは領国経営がままならない状況になっていた。そこで信玄は信虎の追放を決意し、クーデターに及んだというもの。

信虎の悪行については、領民に重税を課しただけでなく妊婦の腹を裂いたともいわれ、多少の誇張はあるかもしれないが、残虐非道なふるまいがあったようである。

このころの領主の家系にとって大切なことは領国の維持であり、そのためには親兄弟、親戚を犠牲にすることはけっして悪いことではなかった。信玄もまた、そうした価値観にもとづいて領国維持のために父親を追放したにちがいない。殺害ではなく追放というところに、子としての信玄の苦しい心中がうかがえるように思えてならない。

46 毛利隆元は毒殺されたのか？

毛利元就には、「三矢の訓え《おし》」という有名な話が言い伝えられている。臨終を迎えた元就が、毛利隆元、吉川元春、小早川隆景という三人の子に三本の矢を見せ、「この矢は一本であれば簡単に折れる。しかし、三本束ねれば折れにくくなる。おまえたちも、この三本の矢のように心を合わせるようにしろ」と言った、という話である。

しかし、元就が亡くなった元亀二年（一五七一）には、長男の隆元はすでに死んでおり、次男の元春は出陣していたので、三人の子が父・元就の臨終の場にいたというのは、つくり話であることは明らかである。

それはさておき、父より先に亡くなった隆元の死には謎がある。隆元は永禄六年（一五六三）八月四日の朝に急死したが、その死因に疑いがかけられている。伝えられる話によれば、隆元の死因は食中毒である。

亡くなる前夜、隆元は安芸高田郡佐々部にある南天山城主・和智誠春《ことはる》の陣所に招かれた。隆元は七月十二日からこの佐々部に陣取り、出雲（島根県）の尼子氏攻めのために出陣準備をしていた。

出陣を二日後の八月五日に控えた夜に、隆元は誠春から饗応を受けたわけだが、陣所に到着したときに、後方の山のほうから数百人の笑い声が上がった。隆元が不審に思って「何事か」と問いただすと、「宴のために部下に鹿狩りを命じたが、射ちそこねたので一同が笑ったのです」と答えた。隆元はその後、佐々部の名産である鮎を賞味し、陣所を去った。

ところが、その帰路の途中で急に腹痛を訴えた。なんとか自分の陣所に戻り、横になったが、翌朝、容態が急変し、隆元は息をひきとった。

隆元の訃報に接した元就は嘆き悲しんだ。しかし、元就はその十日後には、隆元の追善供養だと言って、尼子氏の要害の一つである白鹿城を攻めた。その後、永禄九年（一五六六）に尼子氏を服属させると、翌年、元就は安芸吉田に帰還した。

すると元就は、隆元の死因の究明を始めた。実は、隆元が誠春の陣所に招かれたとき、隆元の五奉行の筆頭である赤川元保も随行していた。そこで、元保と誠春の共謀による毒殺が疑われ、元就は元保を呼び出した。

すると、元保が登城を拒んだことから、元就は切腹を命じた。しかし、元就の怒りはそれだけでは収まらず、元保の弟と養子も同時に処罰した。家門断絶の厳罰である。

ところが、のちに元保は隆元が誠春の陣所に行くことをひき止めていたことがわかり、元就は赤川家の家門再興を許した。つまり、元保の処罰は冤罪《えんざい》だったわけであるが、では、なぜ元保はその事実を元就に訴えなかったのか、これもまた謎である。

推測するに、元保は元就派の奉行と対立していたことから、元就に嫌われていることを自覚しており、それで登城を拒んだのではないだろうか。また、元保は直情径行型な男だったというから、主君である隆元を守れなかった責任を感じて、弁明することを潔《いさぎよ》しとしなかったのではないだろうか。

元就は残る誠春に嫌疑をかけ、誠春が伊予の出征から凱旋する途中に、弟とともに捕らえ、厳島に護送、監禁した。その後、兄弟は脱走し、厳島神社の神殿に逃げ込んだが、討ち取られた。和智氏は誠春の父・豊郷のときに、尼子氏から大内氏方に転じた国人領主である。誠春は豊郷のあとを継ぎ、毛利氏の下で活躍した。

元保といい誠春といい、伝えられる資料を見るかぎり、隆元を謀殺する理由は見当たらない。二人の処罰は、嫡男を失った元就がその悲しみのあまり、二人に嫌疑をかけたように見えるのだが、真相は不明である。

47 北条氏康はなぜ河越の戦いで上杉連合軍に勝ったのか?

北条氏康が扇谷上杉と山内上杉の両上杉連合軍に勝利した河越の戦いは、厳島の合戦、桶狭間の戦いと並ぶ「戦国の三大奇襲戦」の一つである。天文十五年(一五四六)四月二十日夕刻、氏康軍は出陣し、八千の兵力をもって両上杉連合八万の大軍を撃破した。その兵力比は十分の一。なぜ氏康はそんな兵力で大軍に勝つことができたのだろうか?

河越の戦いは、北条氏の前線基地である河越城を両上杉連合軍が奪還しようとした合戦である。河越城はもともとは扇谷上杉氏の本拠であった。ところが、上杉朝興が亡くなり、子の朝定があとを継ぐと、北条早雲の子(氏康の父)である氏綱が朝定を追い払い、河越城を奪った。

氏綱は猶子《ゆうし》の北条綱成を城主として城を守らせたが、天文十四年(一五四五)九月、関東管領の山内上杉憲政は河越城の奪還をはかり、古河公方足利晴氏を味方にして八万余の連合軍を構成した。

連合軍は周囲に陣を敷き、河越城を完全に包囲した。城を守る綱成軍は三千余であり、綱成は小田原の氏康に急報した。すると氏康は、翌年の四月、武蔵国府中に出陣。そこから、連合軍の陣所に使者を送っては、籠城の兵の助命と城の明け渡し、さらに、そのあとの臣従の誓いを申し入れた。

この氏康の申し入れを受けた憲政や晴氏らは、氏康が臆病風に吹かれている、と思い込んだ。

さらに、氏康は連合軍の陣所に兵を出しては、敵軍が迎撃してくると、たちまち退却した。そんな攻撃と退却を繰り返すうちに、連合軍は氏康を侮《あなど》るようになり、そこに油断が生じた。

四月二十日、氏康は時は熟せりとばかりに出陣し、翌日の午前一時頃、連合軍のそれぞれの陣所を夜襲した。不意をつかれた連合軍はなすすべを失い、総崩れとなった。

こうして氏康は両上杉連合軍を打ち破ったのだが、その勝因は前述したような敵を油断させるための工作に見られる、氏康の用意周到な作戦といわれている。しかし、そうした工作や奇襲を氏康が決断できたのは、ある一団の働きによるところが大きかった。

その一団とは「乱破《らっぱ》」と呼ばれる北条氏の忍びの者の一団である。彼らは風魔小太郎を頭領とし、敵陣にもぐり込んでの情報収集を得意とした。

氏康は河越城の綱成から急報を受けると、すぐにこの乱破を関東に飛ばし、敵陣の情勢を探らせ、正確に把握した。その結果、連合軍との兵力差を知り、奇襲にしか勝利の道がないことを理解し、決断できたわけである。

北条氏の乱破は小太郎以下二百人くらいいたといわれ、情報収集のほかにも敵陣での攪乱《かくらん》戦術なども行い、戦に活躍している。しかし、北条氏の没落とともに風魔一族は夜盗団に変わっていったという。

戦国大名のなかには氏康のほかにも、武田信玄、上杉謙信、毛利元就、徳川家康なども忍びの者を駆使したといわれているが、氏康は彼らを巧みに使って戦いを制する「情報戦」の達人だったのである。

48 上杉謙信はなぜ一生不犯だったのか？

上杉謙信は一生不犯だったという。つまり、妻も持たず、側室も置かず、独身を通したわけである。いまでこそ独身の男性はめずらしくないが、戦国時代の武将にとって子孫の繁栄は使命のようなもので、何人もの子を残そうとするのが普通であった。

したがって、豊臣秀吉の例を見ればわかるように、後嗣となるべき男児ができない焦りや、ようやく誕生したときの喜びははかりしれないものがあった。

そんな時代に、なぜ謙信は妻帯もしないで不犯を通したのか？　その理由をめぐってさまざまな説が唱えられている。

その一つは、「男色説」。謙信が女性の代わりに小姓に囲まれて酒を飲んだり、少年たちの親衛隊をつくったりしたことが理由になっている。

あるいはまた、「片想い説」というのもある。謙信が関東に進出したとき、上野《こうずけ》（群馬県）の武将が娘を人質に差し出して降伏した。謙信はこの娘・伊勢姫に恋したが、重臣に「敵国の女を愛してはならない」と諫められ、不犯を通したという。

そのほか、「不能説」や家督を自分の子供に譲らないために不犯だったという説、実は謙信は女性だったという説もあるが、もう一つ有力な説に「信仰説」がある。

この説によれば、謙信は戦勝祈願のため仏神への信仰があつかったことで有名だが、その加護を得るために色欲を絶ったという。ストイックな謙信らしい決意であり、この説が最も真相に近いのではないだろうか。

謙信はいくつもの仏神を信仰していたが、そのなかの一つに「飯綱《いづな》（縄とも書く）明神」がある。飯綱明神は飯綱山（長野県）の山頂に祀られた神で、その姿は右手に剣、左手に綱を持ち、狐の上に乗っている。

謙信はこの明神を崇拝し、自分の印判に「勝軍地蔵摩利支天飯綱明神」という印文を彫ったり、兜《かぶと》の前立てに飯綱明神（権現）の像を用いたりした。

謙信が、これほどまでに飯綱明神を崇拝したのには理由があった。この飯綱明神を信仰すると、「飯綱の法」という一種の魔法が使えるようになったからである。

実は、飯綱の法の魔力に魅せられた武将は謙信だけでなく、先輩がいた。室町幕府の管領で、戦国時代の幕開けをしたといわれる細川政元である。

『細川両家記』によれば、政元は魔法を行って近国や他国を動揺させたり、津々浦々をうろつき回ったりしたという。そして、この魔法というのが、飯綱の法や愛宕の法であるといわれている。愛宕の法もまた飯綱の法と類似のものである。

また、『足利季世記』によれば、政元は女人禁制で魔法を行い、さながら出家僧のようでもあり修験者《しゅげんじゃ》のようでもあり、また、あるときは経を読み、呪文を唱えたので、政元を見る人は身の毛がよだったという。

この政元の言動に見られるように、飯綱の法を行うためには女人禁制でなくてはいけなかったのだろう。そこで謙信も政元も不犯を守ったにちがいない。

ところが、同じく飯綱明神を崇めながら、不犯どころか正室だけでなく何人もの側室がいた戦国武将もいる。

ほかでもない、謙信の宿敵・武田信玄である。飯綱山の里宮（長野市荒安）が信玄の勢力下にあったことから飯綱明神を軍神として信仰し、甲府の躑躅《つつじ》ヶ崎館内に飯縄堂を建てた。しかし、信玄は女人禁制ではなかったので、飯綱の法を行えたか否かは定かではない。

いずれにしろ、謙信と信玄がともに飯綱明神を信仰し、その神が祀られた飯綱山の麓《ふもと》に近い川中島で戦ったというのは興味深い。

謙信と信玄の両方の武将から戦勝を祈願された飯綱明神は、さぞかし困ったにちがいない。皮肉な見方をするならば、いまもって川中島の合戦の勝者が謙信なのか信玄なのかはっきりしないのは、両者に勝利を与えた飯綱明神の効験《こうけん》のせいだったのかもしれない。

49 織田信長はなぜ桶狭間の戦いで勝ったのか？

「戦国三大奇襲戦」の一つ桶狭間の戦いは、謎だらけの合戦である。戦いは、永禄三年（一五六〇）五月十九日の深夜に始まった。その夜、尾張清洲城に陣取った織田信長は、織田軍の二つの砦が今川義元の軍勢の攻撃を受けているという報せを受けると、「敦盛」を三度舞った。

そして、舞い終わると、全軍に出撃命令を出し、具足をつけ、立ったまま湯漬けをかき込み、食べ終わるやいなや、疾風のように馬を馳せて出陣した。

その頃、義元の軍勢は、谷間の小さな平地である田楽《でんがく》狭間で休息をとっていた。すると、一天にわかにかき曇り、大雨が降ってきた。その豪雨の音にまぎれて信長の軍勢は一気に義元の本陣に突撃した。

今川軍はこの奇襲にあわてふためき、討たれる者や逃げまどう者が相次いだ。大将の義元も自ら刀を抜いて防戦したが、ついに毛利新介良勝に首をかき斬られ、今川軍は壊滅した。

これが桶狭間の戦いの概要であるが、このときの両軍の兵力は今川軍二万五千

（四万五千ともいわれる）に対して、織田軍はわずか二千。誰の目にも、今川軍絶対有利と映っていた。

それにもかかわらず、なぜ信長率いる織田軍は勝利することができたのか？

その勝因については、今日まで、信長の大胆な奇襲戦法によるものと伝えられてきたが、つぶさに見ていくと、この合戦にはいくつもの謎が浮かび上がってくるのである。

そもそも、合戦の場は田楽狭間であり、桶狭間ではない。桶狭間は田楽狭間の西南二キロのところに位置する。したがって、正確に言えば「桶狭間村の田楽狭間の戦い」である。それはまだしも、勝因といわれる信長の奇襲についても、はたして本当に奇襲だったのだろうか？

信長は出陣前日（十八日）の夕刻、今川軍の総攻撃が始まりそうだという急報を受けても、「……であるか」と言ってうなずいただけで、軍議を開こうとしなかった。そこで、重臣が籠城を進言しても受け入れず、「出陣の時は俺が決める。皆、退がって休め」と言って、奥に入ってしまった。これを見た重臣らは「織田家もこれまで」と嘆息したが、信長はこのあと独りで作戦を練り、奇襲による勝利を確信したという。

つまり、今川軍は大軍とはいえ、前軍が織田軍の城砦攻撃に出陣すれば、義元の本陣に残るのは五千くらいであろう。前軍との戦いを避け、迂回して本営を奇襲すれば五千対二千で勝てないことはない、と信長は考えたというのである。

また、一説には、信長は翌日の大雨を予測し、豪雨のなかの決行まで考えた、ともいわれている。

しかし、この奇襲作戦が成功する確率はきわめて低いと言わざるを得ない。まず、義元の本陣を田楽狭間と特定することの危険性がある。義元が本陣を動かさないという保証はないのだ。したがって、本陣が動いてしまえば、奇襲は成り立たなくなる。

また、織田軍は今川軍の前軍との戦いを避けるため迂回して進軍したといわれているが、迂回を示す史料はないという指摘もある。つまり、織田軍は真っ向から田楽狭間に進軍したかもしれないのだ。ということは、今川軍の前軍との戦いもあり得たわけである。

こう考えていくと、信長の出陣は充分に計算された作戦ではなく、出たとこ勝負の無謀な突撃だったようにも思えてくる。信長は戦いの前夜、重臣らの心配をよそに軍議を開かず、雑談に興じていたと伝えられているが、それもはたして余裕の素振りだったのか疑問である。

『武功夜話』には、当日の信長の様子が次のように記されている。

信長の一門の織田信辰や玄蕃佐《げんばのすけ》がたまりかねて、「なにとぞ、お指図くだされ」と言上しても、信長は指図せず、「この期に及んでは、どう考えても、どうにもならぬ。それより、連日、寝ていないようでは、合戦のときに雑兵一人討ち取ることができなくなるぞ。いまは、ともかく寝ることだ」と言って、さっさと寝所に入ってしまった。

思うに、信長には始めから勝算などなかったのではないだろうか。あったのは玉砕の覚悟だけだったのではないだろうか。ところが、義元が本陣を動かさなかったことや突然の大雨という偶然が重なったことで、織田軍の突撃は、結果的に奇襲戦法として功を奏した形になったのである。

それにしても、なぜ今川軍は織田軍の奇襲に備えた見張りの機能が働かなかったのだろうか？　さらにまた、大将の義元が討ち取られると、かくも一気に総崩れになってしまったのはなぜなのか？　このように、桶狭間の戦いにはまだいくつもの謎が残されているのである。

50　武田信玄の死因は何か？

元亀四年（一五七三）四月十二日、武田信玄は信濃伊那郡駒場《こまんば》で五十三歳の生涯を閉じた。死を前に、信玄は「三年間喪を秘し、領内の備えを固めたら、必ず都へ攻め上れ」と遺言したという。

信玄は上洛の夢を果たさぬまま息を引き取っただけに、その無念さが伝わる話である。しかし、三年間の秘喪の件はともかく、京へ攻め上がれという遺言がはたして本当にあったどうかは、疑問とする見方もある。

また、それ以上に謎とされているのが、肝心の死因である。諸説紛々として真相は闇のなかであるが、唱えられている説は大きく二つに分けられる。一つは、「鉄砲による死亡説」。もう一つは、「病死説」。

鉄砲による死亡説の有名なものは、武田軍が徳川軍の野田城を包囲したときに、徳川軍の笛の名手が吹く笛の音につられて、信玄が城に近づいたところを鉄砲で撃たれ、その傷が原因で死亡したというものである。

鉄砲による死亡説はほかにもあって、野田城が落城するときに逃げ落ちる兵が武田軍の陣営に鉄砲を撃ったところ、その弾が信玄に命中したという説もある。

しかし、一国の戦国大名が敵軍の城から聴こえてくる笛の音につられて、無防備な格好で城に近づくなどということは考えられない。また、逃走兵が撃った弾が本陣の大将に当たったというのも、あまりにも現実離れした話である。

ということで、信玄は病死だったという説が妥当と思われるのだが、その病気をめぐって、これまた諸説あるのだ。信玄の侍医が「信玄は肺肝を苦しめられた」と書き記した書状があることから、信玄の死因は肺か肝臓の病気という説が有力である。

とくに「肺結核説」は古くから唱えられており、たしかに伝えられる信玄の画像には、おなじみのダルマのように肥えた画像以外にも、頬肉が落ちてげっそりとした画像もある。そこから、肥えた画像は健康だったときのもので、やせた画像は晩年のものと考えると、肺結核説にはうなずけるものがある。

しかし、考えてみれば、やせてくるのは必ずしも肺結核だけではない。がんの末期症状でも人は激やせする。そこで、肺がんや胃がんによって死亡したという説もある。

さらに、亡くなる前年の三方ヶ原の戦いは、雪が降り始めた十二月二十二日の酷寒のなかでの合戦だったことから、そこで急性肺炎をひき起こし、それが死因になったという説もある。

結局、真相はいまだに不明である。また、遺骸の埋葬場所についても異説があって、さらに謎を深くしている。通説によれば、信玄の遺骸は遺言どおり密かに甲府に持ち帰られ、埋葬されたという。ところが、信玄はまた、自分の遺骸を「諏訪湖の湖底に沈めろ」とも遺言したといわれ、それを根拠に信玄は諏訪湖に眠っているという説があるのだ。しかし、これはいかに信玄の遺言とあっても、さすがに重臣たちは実行しなかっただろうといわれている。

ただし、三年間の秘喪という遺言は実施された。ところが、それにもかかわらず、四月中には信玄の死は全国各地に伝わったようで、戦国時代とはいえ戦国大名の情報収集能力が高かったことがうかがわれる。

ちなみに、信玄の宿敵・上杉謙信は「信玄死す」の報せを受けると、食事中の箸を投げ捨て、「惜しい相手を失って、残念でならない」と言って涙を流したという。

51 松永久秀はなぜ将軍になろうとしなかったのか？

元亀元年（一五七〇）四月、京の二条御所で、織田信長は徳川家康に老将・松永久秀をこう紹介した。

「この老翁は、古来より人がなしえないことを三つもしでかした者で、将軍を殺し、主家の三好家を滅ぼし、南都の大仏殿を焼き払った松永という者だ」

信長のこの言葉を聞いて、久秀は顔を赤らめたという。

この故事は久秀の悪辣《あくらつ》非道ぶりを伝えるものとして、よく耳にする。しかし、北条早雲、斎藤道三と並んで「戦国の三大梟雄」の一人であり、下剋上の代名詞のような久秀が人前で赤面したとは、とうてい信じられない。久秀ならば、表面は恐縮した素振りを見せたものの、腹のなかでは（何をぬかすか。おまえだって一族の城を乗っ取ったり謀殺したりした悪人ではないか）と毒づいていたにちがいない。

たしかに、信長とて下剋上の時代の典型であり、のちに将軍・足利義昭を追い出したり延暦寺を焼き打ちしたりしている。したがって、久秀を天下の悪党のごとく言うのは、目糞鼻糞を笑うのそしりを免れないだろう。

ところが、歴史の評価は、久秀は悪辣非道な梟雄で、信長は革新的な天下人のイメージが強い。その差はどこにあるのだろうか？　その答えは、二人のめざすもののちがいにあった。

久秀はその出自が謎とされており、三好家に仕えるまでの足跡は定かでない。久秀は三好長慶《ながよし》に重宝されたが、長慶もまた下剋上の雄であった。長慶は主家の細川家をしのぎ、将軍・足利義輝をも傀儡《かいらい》として、畿内、四国に版図を広げた実力者である。この長慶の畿内侵攻に尽力したのが久秀であり、その実力はいつしか長慶に匹敵するほどになり、長慶や義輝を臣下のように扱い、思うままに動かすようになった。

そして、永禄六年（一五六三）に長慶の子・義興が急死し、翌年、落胆した長慶があとを追うように亡くなると、久秀は三好家に代わって京、大和（奈良県）、和泉（大阪府）の三国を自分のものにした。ちなみに、義興の死は久秀による毒殺ともいわれている。

さらに久秀は、永禄八年（一五六五）五月、三好家の重臣である三好三人衆とはかって将軍・義輝を襲い、殺害した。しかし、その後、久秀の専横に三好三人衆が反目し奈良の東大寺に陣取ると、久秀はこれを夜襲し、滅ぼした。このとき久秀は、大仏殿を焼き払ったのである。

こうして見てみると、当時の久秀の実力は将軍をもしのいでおり、いつ自分が将軍に取って代わってもおかしくない情勢だった。それはまた久秀の主君である長慶にもいえることであり、長慶もその全盛期のときに将軍になる実力とチャンスがあった。

ところが、久秀も長慶も将軍にはなろうとはしなかった。久秀にいたっては、義輝を殺すことまでしておきながら、代わりの将軍・義栄《よしひで》を据えている。なぜ二人は将軍になろうとはしなかったのだろうか？

結論から言えば、二人は下剋上の雄として立身出世のためには主家をも滅ぼす豪胆な神経を持ち合わせていたが、天皇や将軍という伝統的権威まで否定することはできなかった。二人がめざしたものは、しょせん守護大名としての領国経営であり、その権威、保証はやはり将軍に頼らざるを得なかったのである。

長慶や久秀ら下剋上の雄の出現によって、戦国時代の勢力地図は大きく変化したが、それは、そのあとに登場する、さらにスケールの大きい下剋上の雄・信長の露払いにすぎなかった。再度繰り返すが、信長は久秀同様の悪辣非道な振る舞いをしながらも、歴史上偉大な人物として記されるようになったのは、久秀や長慶とはめざすものがちがったからである。

それでは、信長は何をめざしたのか？　それは次の章で詳述しよう。

第5章
織田信長の時代の謎

プロローグ

天文二十二年（一五五三）四月、尾張富田の町はずれの小屋のなかに、戦国武将がわずかな供を従え隠れていた。武将の名は、斎藤山城守道三。道三は婿の織田信長と会見を約束していたが、きょうがその日であった。会見の場所は正徳寺であったが、道三はその前に密かに信長の様子をのぞき見ようと思い立ち、ここに隠れていたのである。

やがて、正徳寺に向かう信長の行列が見えてきた。元気のいい足軽が走ったあとに、信長が現れた。馬上に横座りした信長は、噂どおりの異風な装いをしていた。

髪は茶せんに結び、湯帷子《かたびら》を袖脱ぎし、金銀飾りの大刀と脇差の長い柄を藁縄で巻き、麻縄を腕輪にしている。さらに虎皮と豹皮の半袴をはき、腰のまわりには火打ち袋と瓢箪《ひょうたん》を七、八つぶら下げている。

それを見た道三はにやりと笑みを浮かべたが、そのあとの行列を見て、顔をひきつらせた。七、八百の供の衆が、柄三間半の朱色の長槍五百本をかかげ、弓・鉄砲五百挺《ちょう》を持って進んできたのだ。

道三は信長の軍備に驚き、固い表情のまま正徳寺に戻り、女婿を待った。会見の時刻になると、時を違えず信長が現れた。その信長を見て、居並ぶ道三の家来たちは仰天した。なんと信長は、昼の異装とはがらりと変わり、髪を折曲に結い、褐色の長袴をはき、立派な小刀を差して現れたのである。

呆然とする家来衆の前を堂々と進み、御堂に出た信長は、縁の柱に寄りかかるようにして座った。その態度は不遜で、まもなく道三が屏風を押しのけて現れても、信長は平然としていた。二人はにらみ合い、張りつめた空気が流れた。すると、見かねた道三の家来が信長に近づき、「こちらが山城守でございます」と言うと、信長は「であるか」と短く言い、敷居の内に入ると、道三に対し丁寧に挨拶した。

＊

これが、戦国史に名高い織田信長と斎藤道三の会見の様子である。この会見のあと、道三の家来が「やはり信長殿は大たわけでございますな」と言うと、道三は「わしの息子たちは、必ずあの大たわけの門前に馬をつなぐことになるだろう」と言ったという。

門前に馬をつなぐとは「臣従する」という意味であり、道三はこのとき信長の並はずれた器量を見抜いていたといわれている。事実、その後信長は、道三の予測どおり天下人への道をまっしぐらに突き進むことになった。

この二人の会見は、戦国時代のある変わり目を象徴している。それは、道三のような古いタイプの戦国武将が跋扈《ばっこ》した時代の終焉であり、信長のような新しい戦国武将が登場する時代の幕開けである。そのちがいは、この正徳寺の会見に凝縮されていた。

まず、道三はこの会見で、「大たわけ」とか「大うつけ」と噂されていた婿の器量を見定めようとしたが、その方法は狡猾で、信長に恥をかかせてやろうと、引き連れた七、八百の家来たちに正装させて正徳寺の御堂に並んで座らせた。

つまり、その前を異装な信長が歩けば、恥ずかしさで萎縮するにちがいないと企てたわけである。

さらに道三は、持ち前の用心深さで、事前に信長の様子を小屋に隠れて、こっそりとのぞき見した。

道三には策を弄したこうしたやり方が、体に染み込んでいた。それは下剋上の時代を生き抜いてきた戦国武将に共通のものであり、狡猾といわれようが、相手を負かすためには当然の策であった。

ところが信長は、明らかに道三のような古いタイプの戦国武将ではなかった。狡猾な手を使わず正面から堂々と突き進んだ。そして、「決めるべきとき」にはびしっと正装し、逆に道三以下の古いタイプの武将たちの度肝を抜いた。くだらないしきたりには目もくれない一方で、急所だけははずさない信長を見て、道三は器量、力量の差をはっきりと見てとったのである。

さらに、道三を意気消沈させたのは、両方の軍備のちがいであった。会見に臨んで、道三も家来に槍や弓・鉄砲を持たせてきたが、信長の家来たちが手にしたものとくらべると、明らかに見劣りした。

おそらく道三は、小屋からのぞき見し、歴然とした軍備のちがいを目の当りにしたときから、道三自身がすでに信長に臣従していたにちがいない。

本章では、この新時代の幕開けを飾る織田信長の時代の謎を解き明かしながら、信長がめざしたものが何であったのかを探ってみたい。

52 最強軍団といわれた武田軍はなぜ敗れたのか？

天正三年（一五七五）五月二十一日朝、武田勝頼を大将とする武田軍は、織田信長と徳川家康の連合軍が陣する設楽《しだら》ヶ原《はら》に向けて出陣した。戦国最強といわれた武田軍団の騎馬武者たちは、一気に連合軍の本陣に襲いかかったが、前面には柵が打たれていたために馬はそれ以上進めなかった。統率されていた武田軍の騎馬武者たちの動きに混乱が出ると、すかさず柵の向こうから連合軍の鉄砲隊による一斉射撃が始まった。

しかし、激戦の雄からなる騎馬武者たちは、鉄砲による攻撃があることは、はなから覚悟しており、それに怯《ひる》むことなく、なおも柵を乗り越えようとした。鉄砲は一度射撃が終われば、次の射撃までに時間がかかる。その間隙をぬって突進すれば敵陣を突破できる。それが、武田軍の騎馬武者が考えた戦法だった。

ところが、そこにまったく予想もしなかったことが起きた。鳴り止むはずの鉄砲が途切れることなく撃ち続けられたのである。「そんな馬鹿な……」と武田軍の誰もが鳴り止まない鉄砲の音に耳を疑った。

こうして武田軍の騎馬武者たちはバタバタと撃ち落とされ、そこへ柵のすき間から突撃してきた連合軍の長槍を持った歩兵隊が襲いかかり、武田軍は次々と葬られていった。

これが、戦国の著名な合戦「長篠の戦い」の概要であるが、この合戦で武田軍は山県《やまがた》昌景、内藤昌豊、馬場信房という武田信玄時代からの勇将が相次いで討ち死にし、死傷者は一万人を超えたという。大敗である。武田方からすれば、まさかの大敗だった。

武田方がまさかと思ったのも道理で、武田軍は戦国最強の軍団として、その威名は全国にとどろき、多くの戦国大名から恐れられてきた。その武田軍がなぜ信長と家康の連合軍に惨敗したのだろうか？

よく伝えられるのは、信長が考案した「鉄砲の三段撃ち」である。鉄砲は長篠の戦い以前から戦国時代の合戦に使われてきたが、次の射撃までに時間がかかるために、多くは威圧のための武器であり、合戦は騎馬戦が主であった。つまり、いち早く鉄砲を合戦に用い、また敵の鉄砲に備えて甲冑もつくり替えた信玄にしても、騎馬ほど鉄砲を重視していなかったのである。

ところが信長は、この長篠の戦いで鉄砲の威力を最大限に活用した。三千挺という多くの鉄砲を用意し、それを三列に分け、一隊が撃ち終わればすぐに次の一隊が撃ち、また次の一隊が……という途切れることのない攻撃を考案した。これによって、鉄砲は威圧のための武器から殺傷のための強力な武器となったわけである。

最強といわれた武田軍が大敗を喫したいちばんの原因は、この信長の鉄砲の三段撃ちにあると考えていいだろう。しかし、ほかにも武田軍の敗因はある。言い換えれば、その敗因いかんによっては、武田軍は敗戦を免れたかもしれなかったのだ。

どういうことかと言うと、武田軍では決戦を前にした五月十九日、軍議を開き、連合軍と戦うべきか否かを論議したが、このときに決戦回避を決断していれば、武田軍の惨敗はなかったということである。

この合戦の両軍の兵力は、武田軍一万五千に対して、連合軍は三万八千。兵力の差を見れば、武田軍が不利であることは誰の目にも明らかだった。そこで信玄以来の重臣である昌景、昌豊、信房らはそろって撤退を進言した。

しかし、勝頼の側近らが決戦を主張した。そして、武田家の面目を第一に考えた勝頼が、決戦を決断したのである。

勝頼はまた、長篠の戦いの前年に徳川方の高天神城《たかてんじん》を陥落させており、自信に満ち溢れていたのかもしれない。それは、過信と言ってよいものだったが、勝頼は「勝てる」と信じた。この勝頼の誤った決断が大敗の大きな原因だったことはまちがいないだろう。

53 松永久秀はなぜ二度も織田信長に背いたのか？

天正五年（一五七七）十月十日、大和（奈良県）と河内（大阪府）の国境にある信貴山《しぎさん》城に立て籠った松永久秀は、手にした名器「平蜘蛛の釜」を頭上にかかげると独りごちた。

「この平蜘蛛の釜は信長には渡さぬ」

久秀はそう言い終わると、釜を床にたたき落とした。釜は粉々に破《わ》れた。平蜘蛛の釜はかねてから信長が所望していた名器であり、信長は使者を送り、「平蜘蛛の釜と信貴山城を渡せば命は助けてやる」と言ってきたのである。

ところが、久秀はそれを拒否して腹を切る覚悟を決めた。久秀は釜を破ると、いつものように家臣に灸《きゅう》の用意をさせた。家臣は不審に思い、問うた。

「これから腹を切られるというのに、灸でございますか？」

すると、久秀は平然と答えた。

「養生しないで、中風《ちゅうふう》にでもなったらどうする？　腹を切るときに体が思うように動かず自害できなくなっては、後世の笑い者になる」

久秀はそう言うと、頭に灸を据え、そのあとで見事に腹を切った。さらに、介錯された首を信長に渡さないために、火薬で吹き飛ばしてしまった。さらに、介錯こうして久秀は六十八歳の生涯をすさまじい形で自ら閉じたが、その日は期せずして十年前に東大寺の大仏殿を焼き払った日と同じであった。そこで、都の人々は久秀の死は仏罰によるものだと言いふらしたという。

久秀は「戦国の三大梟雄」の一人であり、下剋上の代表のような武将である。その久秀は将軍・足利義輝を殺害し、三好三人衆をも撃ち破り、京、大和、和泉（大阪府）の三国を支配する実力者となったが、永禄十一年（一五六八）信長が上洛すると降伏し、新参の家臣として臣従した。

ところが、三年後の元亀二年（一五七一）、久秀は武田信玄と通じ、反織田戦線に加わり、信長に反旗をひるがえした。しかし、信玄が急死し、信長が大和に侵攻すると、久秀は子の久通の居城である多聞山城を差し出し、許しを乞うた。そして天正五年（一五七七）、久秀は再び信長に反旗をひるがえし、信貴山城に立て籠った。

つまり、久秀は信長に二度も背いたわけである。なぜ久秀はそれほどまで信長に背かなければならなかったのだろうか？　また、気性激しい信長が久秀の一度目の反逆を許したのはなぜなのだろうか？

久秀の反逆については、かつて信長が徳川家康に、久秀を三大悪事をしでかした

男として紹介し、恥をかかせたことが原因だとする説がある。しかし、梟雄・久秀がそれごときの辱めで信長に恨みを持つとは考えられない。

結局、久秀は、信長が自分を重用しているのは大和の平定に利用価値があるからであり、その価値がなくなれば、つまり、反織田戦線の脅威がなくなれば、いずれ自分も滅ぼされる、と読んでいたのではないだろうか。一度目の反逆が許されたのも、まだ久秀に利用価値があったからにほかならない。久秀は信長に臣従することで、よけいに信長の残忍さや怖さを知り、殺される前に殺す道を選んだ。しかし、頼みとした上杉謙信の上洛はなく撤退してしまったことが、久秀の誤算だったのである。

54 織田信長はなぜ右大臣、右大将の職を辞したのか?

元亀四年(一五七三)七月、織田信長が将軍・足利義昭を追放し、室町幕府は滅びた。その翌年の天正二年(一五七四)三月、信長は従三位《じゅさんみ》参議に叙任され、公卿に列した。

信長はその十日後、東大寺を訪れ、法式にのっとり正倉院秘蔵の名香「蘭奢待《らんじゃたい》」を一寸八分切り取った。これは足利義政以来のことであり、信長が足利家に代わって自分が天下を治めることを誇示しようとした、といわれている。

その翌年から、信長の官位は急ピッチで昇進していく。天正三年(一五七五)権大納言、右近衛大将(右大将)。天正四年(一五七六)、正三位《しょうさんみ》内大臣。天正五年(一五七七)、従二位右大臣と昇進し、天正六年(一五七八)正月には正二位に叙任された。

ところが、その年の四月に突然、信長は右大臣と右大将の官職を辞したのである。なぜ信長はせっかく叙任された官職を辞したのだろうか?

史料によれば、その理由について信長は、「まだ天下の統合が成っていないから」

だと言い、「そのときが来たら、また受けてもよいが、その代わり官職は嫡男の信忠に譲る」と言ったという。

しかし、これは表向きの理由で、本当は信長が昇進のわずらわしさを嫌ったからだという説がある。つまり、昇進のたびの煩雑な手続きや公家らへの挨拶などが、信長の性格に合わなかったというわけである。

また、公家らとの貴族風なつきあいを嫌ったともいわれている。たしかに、変革者の信長からすれば、儀式や形式にのっとる官職は、肌に合わなかったにちがいない。

しかし、それ以上に、信長のなかの官位、官職に対する興味、よりストレートに言えば官位に就く利点がなくなったことが官職を辞した理由ではないだろうか。

信長は将軍の権威が必要なうちは義昭を立て、利用してきたが、もはや必要なしと判断すればばっさりと切り捨てた。同様に朝廷の権威も、信長にはもはや必要がなくなったのである。

もっと言えば、官職に就くことは天皇の支配下に入ることであり、信長はそれを拒んだ。信長は天皇や朝廷の支配から離れ、おのれが支配する地位に就こうとしたのである。

信長のこの動きは、朝廷からすればその権威を否定するものであり、非常に危険な考えである。それを阻止するためには、なにがなんでも信長を官職に就けて、天皇の支配下に置かねばならなかった。

そこで、朝廷は天正十年（一五八二）五月、勅使を安土城に送り、信長に対して、「太政大臣か、関白か、征夷大将軍のいずれか、望むものを与えよう」と伝えた。なりふりかまわぬ申し入れであり、もはや朝廷の権威も失墜した感がある。

この「三職推任」については、信長が朝廷に圧力をかけて、そう言わせたとする説もあるが、結果的に信長はこの申し出にも応じなかったことから判断して、信長が仕掛けたとは思えない。

やはり、朝廷が苦肉の策として考え、提示したものの、信長に拒否されたと見るべきだろう。

その一方で信長は、朝廷に対して正親町天皇の譲位と誠仁親王の即位を要望しており、自分の思いのままコントロールできる誠仁親王を天皇に据え、天皇をも支配する絶対的な権力者をめざしたのではないだろうか。

55　荒木村重はなぜ謀反を起こしたのか？

織田信長には変革者という優れた資質とは別に、残忍な一面もまた伝えられている。その残忍さを物語る典型的な史実が、摂津有岡（伊丹《いたみ》）城主・荒木村重一族および郎党らの処刑である。

天正七年（一五七九）十二月、謀反を起こした村重の妻をはじめ女房ら百二十余人を磔刑にし、召使いや若党ら五百十余人を四軒の家に閉じ込め、生きたまま焼き殺した。

さらに、村重の一族三十余人を京都に護送し、六条河原で斬殺した。磔刑にされた女たちの泣き叫ぶ声は空にこだまし、その悲惨な光景は地獄絵そのものだったという。

この狂気の沙汰といわれた信長の怒りをひき起こした原因は、言うまでもなく荒木村重の謀反である。ところが、その謀反の理由がいまひとつ明らかでないのだ。

表面的には、村重は信長と敵対する毛利氏や石山本願寺と連絡をとって信長に反旗をひるがえしたことになったが、なぜ村重はそうせざるを得なかったのだろうか？

村重は始め足利義昭に仕えていたが、天正元年（一五七三）、義昭が信長と不和になったときに信長の麾下に入った。信長は村重を重用し、村重もまたその期待によくこたえ、本願寺攻めなどで戦功をあげた。信長の覚えもめでたく、不満もないように見えた。

ところが、天正六年（一五七八）、突然、村重は毛利氏に寝返った。村重の謀反は信長もまったく予想していなかったようで、報せを受けると、「なんの不足があって、そんなことをするのか」と驚いたという。そしてまた、「言いたいことがあれば、なんなりと言うように」と、家臣に絶対服従を強いる信長にしてはずいぶんと寛容な態度を見せている。それはまた、信長が村重を敵に回せない事情があったことの証明でもある。

村重は当時、摂津を勢力下に置き、本願寺包囲網の中核であった。その村重が寝返れば、形勢は逆転し、逆に信長側が包囲されるおそれさえあった。ゆえに、信長は村重をどうしても敵に回せなかったのである。

そこで信長は、すぐに討伐することはしないで、明智光秀や松井友閑《ゆうかん》らを使者として送り、説得した。しかし、村重はこれを拒み、怒った信長が、有岡城を攻めると、村重は妻子一族を置き去りにして、わずか数騎で子・村次《むらつぐ》の尼崎城に逃げのびた。そして、一族の荒木久左衛門《きゅうざえもん》が尼崎城におもむき、村重に降伏を勧めたが、これにも従わなかったために、冒頭の地獄絵が描かれることになってしまったのである。

村重の謀反の理由として伝えられるのは、本願寺攻めのとき、村重の兵のなかに本願寺に米を密売した者がいて、それが信長の兵に露見したためだという。村重は使者として訪れた光秀や友閑に二心《ふたごころ》のないことを誓うために、自分の母を人質に差し出すことを申し出、また、自ら安土におもむいて信長に陳謝するつもりだった。

ところが、村重の配下にいた茨木城主・中川清秀が、「信長の気性から考えて、そんなことをしても信長は許しはしない」と言って強く反対した。ほかの部将たちも清秀と同じ意見だったので、ついに村重は謀反を決意したという。

村重に謀反を決意させた清秀は、その後、村重を裏切り、信長に臣従した。村重をすぐに討つことなく説得を進めていた信長が一転して討伐に走ったのも、清秀が信長側につき、対本願寺に見通しがついたからにほかならない。

ちなみに、本願寺に米を密売した兵というのも村重配下の清秀の兵であった。清秀はその後、信長から十二万石に加増されている。

56 大友宗麟はなぜキリシタンになるのに年月がかかったのか?

戦国時代には、有馬晴信、高山右近、内藤如安、小西行長など多くのキリシタン大名がいた。ところで、天文十八年(一五四九)七月に鹿児島に上陸したイエズス会の宣教師フランシスコ・ザビエルが、日本の大名のなかで最初にキリシタン大名になると思ったのは誰だか知っているだろうか。

その大名は豊後《ぶんご》(大分県)の大友宗麟である。当時、宗麟はまだ義鎮《よししげ》と名のっていたが、当主についたばかりの二十二歳の青年大名だった。この青年はザビエルから強烈なカルチャーショックを受けた。

義鎮こと宗麟はザビエルの話を聞いたあとで、「いま聞いた話より高度な話はないだろう。また、この説より道理に合った話もないだろう」と言って、いっぺんにキリスト教にのめり込んだ。

一方、ザビエルも宗麟を大友の姓同様、偉大な友と思い込み、この青年大名が最初にキリシタン大名になると思った、という。実際、宗麟はその後、領内に教会を建てるための敷地を寄進したり、病院を建てたりして、キリスト教の保護に努めた。したがって、ザビエルが「この青年大名はすぐにも入信するにちがいない」と思うのは無理がなかった。

ところが、それほどキリスト教の普及に熱心だったにもかかわらず、ザビエルの読みとはちがい、宗麟が洗礼を受けて「フランシスコ」と改名し、キリスト教に入信したのは二十七年後の天正六年（一五七八）七月である。

なぜそれほどまで、キリシタンになるのに時間がかかってしまったのだろうか？

その理由については、さまざまな説がある。一つは、宗麟の優柔不断な性格のせいだという。宗麟はあれほどまでキリスト教にのめり込んでいながら、その後、剃髪して仏門に入り、このときに宗麟の法号を得ている。たしかに、していることに脈絡がない。

あるいはまた、宗麟は本当は熱心なキリスト教信者ではなくて、ポルトガルから入る鉄砲や火薬などの貴重品や珍品めあての貿易が目的だったのではないか、という説もある。

信仰はその下心を隠すためのカモフラージュだというわけである。しかし、それであれば、二十七年後とはいえ、入信したのはなぜなのだろうか？

そこで、もう一つ有力な説がある。それは、宗麟の夫人が熱心な神道信者だったためキリスト教への入信を許されなかった、というものである。

その証拠に、天正六年の改宗は夫人と別れた直後だった。その後、宗麟は神社や寺院を次々に焼き払ったというから、じっとその日が来るのを待っていたのかもしれない。

ところが、ようやく念願がかなった宗麟は、キリスト教への改宗を境に衰退していく。天正六年九月、宗麟は島津義久と戦うために日向（宮崎県）に出陣した。宗麟は日向にキリスト教による理想国をつくろうとしていたという。

しかし、合戦は大友軍の死傷者二万という大敗に終わった。この合戦で大友軍は勇将を数多く失い、九州の大大名という威信も失墜した。これが、有名な耳川の戦いである。

その後、大友氏は急速に衰退し、宗麟は天正十五年（一五八七）に世を去った。

ちなみに、最初のキリシタン大名は、永禄六年（一五六三）に洗礼を受けた肥前の大村純忠である。

57 織田信長はなぜ平氏を名のったのか？

織田信長が将軍になれなかったのは平氏の末裔《まつえい》だからだ、という説がある。源頼朝に始まる鎌倉幕府も、足利尊氏に始まる室町幕府も、源氏の将軍によるものである。平氏の将軍という前例はなく、それで朝廷は信長の将軍就任を認めなかったというわけである。

この説からもわかるように、当時、信長は平氏を名のっていた。豊臣秀吉も内大臣の頃は、信長の後継者を自認して「平秀吉」と名のっていたから、信長はまちがいなく平氏を名のっていたのだろう。

その由来は、平重盛の子・資盛《すけもり》にまでさかのぼる。壇ノ浦の戦いで資盛が入水《じゅすい》すると、資盛の子を宿した女が近江津田郷に落ちのびた。そこで、その子は津田郷の長に育てられ津田親実と名のった。

その後、越前織田荘の神主の養子となり、神職を継いだ。このことから親実は津田氏と織田氏の両氏の始祖となった。信長はその親実の子孫であり、平氏の血を引く者というわけである。

ところが、少しさかのぼると、信長は藤原姓を名のった。十六歳のときに熱田村に下した制札に「藤原信長」と署名しているのだ。信長が藤原氏を名のった理由は、織田荘が皇室領だったことから、織田氏の祖先は藤原氏だったにちがいないというものである。かなりアバウトな根拠であるが、こうして織田氏は信長の時代まで藤原氏を名のっていた。

つまり、織田氏の歴史では平氏より藤原氏を名のっていた時代のほうが長かったわけである。それが、突然、信長の代になって平氏を名のり始めたのはなぜなのだろうか？

その答えは、源氏と平氏が交代で政権を担当するという「源平交迭説」である。日本には中世以降、この源平交迭説が武家の世界に広まっていた。源氏が源実朝の代で滅ぶと、代わって平氏の北条氏が政権を担当し、その北条氏が倒れると、源氏の足利氏が室町幕府を開いた。したがって、次の政権を担当するのは平氏の流れをくむものということになる。

北条早雲の子・氏綱が伊勢姓から北条姓に改姓したのも、平氏の末裔である北条氏が関東を平定することの正当性を世に知らしめたかったのであろう。

信長も当然、源平交迭説を意識していたであろうから、天下取りをめざすにあたっては、藤原姓より平姓のほうが都合がよいと判断したにちがいない。しかし、その後、めきめきと力をつけ、足利将軍家の弱体ぶりを見るにいたって、もはや将軍職など眼中になくなってしまったのである。信長は将軍よりももっと強大な権力をめざすようになったのだ。

そうなると、源平交迭説などどうでもよくなった。それで足利義昭から源氏の紋である「桐」の紋章の使用を許可されたときも、歓喜することもなく、かつ、拒むこともなく受けている。もしまだ平姓にこだわっていたとしたならば、受けるべき紋ではなかったはずである。

合理主義者で現実主義者でもある信長は、その頃には、「源平藤橘《げんぺいとうきつ》」の四大貴姓に権威を認めなくなっていたにちがいない。

58 織田信長はなぜ安土城を築いたのか?

城というと誰もが目に浮かべる「天守閣」は、実は織田信長の時代より前の城にはほとんどなかった。天守は古くは「天主」と書いていたが、その原型は矢倉や望楼である。それが、日常政務を行う主殿《しゅでん》の上に載せられ、やがて主殿と一体化したという。

天主の語源については、キリスト教の天主の意味とする説や、梵天《ぼんてん》や帝釈天《たいしゃくてん》が須弥山《しゅみせん》の山頂にいるという思想からきたとする説、城の主要な殿舎の意味の「殿主」からきたとする説などさまざまある。

いずれにしても、天守閣の最初は信長が築いた安土城といわれている。小規模なものでは松永久秀が築いた信貴山城が最初であるが、壮大な天守を持つ城は安土城が初めてである。

信長は、この安土城の築城を天正四年(一五七六)正月、丹羽長秀に命じた。そして、三年後の天正七年(一五七九)五月に竣工した。天守閣は七層からなり、その内壁には狩野《かのう》派の障壁画が描かれ、最上階は金箔で飾られていたという。

それでは、なぜ信長はこの壮大な安土城を築いたのだろうか？　これには二つの疑問がある。一つは、なぜ贅をつくした天守閣をつくったのかという疑問。もう一つは、なぜ安土なのかという疑問である。

 始めに天守閣をつくった理由について考えてみたい。実は、その答えは、築城を始める三年前に信長と足利義昭とが対立した改元問題に隠されている。

 天正元年に元号は「元亀」から「天正」に改められたわけだが、その改元を最後まで反対していたのが義昭だった。そもそも、永禄十三年（一五七〇）四月に元亀に改元するときから、義昭は天正に反対していた。このとき最後まで残った元号が元亀と天正で、義昭や朝廷は前者を、信長は後者を推した。

ところが、朝廷も将軍家も信長の思いのままに元号が決まることをおそれ、とくに理由はなかったのに、「天文」の時代に兵乱が続いたから「天」のつく元号は不吉である、という理由をむりやり考えて、元亀にした経緯があった。

つまり、天正という元号は信長がずっと望んできたものなのである。それでは、なぜ信長は天正を望んだのか？　それは、天正の意味が「天下を正す」であり、信長が天下統一の事業をなすに最もふさわしい元号だったからである。

そして、元号をようやく思いどおりに改元した信長は、次に天下統一の意思表示を誰もが目にできる形にしようとした。その思いを具現化したのが安土城であり、天下を治める絶対者である信長が入る場所が天守閣なのである。

次に、信長はなぜ近江の安土に城を築いたのだろうか？　信長には本拠地として岐阜城があった。それなのに安土に本拠地を移したのはなぜなのだろうか？　天下を治めるのならむしろ京都のほうがより権威があり、ふさわしいような気もする。しかし、信長は京都には本拠地を移さなかった。

その理由として考えられるのは、当時の信長の領国である尾張、伊勢、美濃、近江など全体を統治するには、岐阜ではあまりに東にかたよりすぎていたからである。といって、京都は滅びゆく室町幕府の地であり、新政権の地としてふさわしくないと判断したのではないだろうか。

さらに、信長の頭にあったのは上杉謙信の存在だった。謙信の南下に備えるには、岐阜でも京都でもなく、北陸道の要《かなめ》に位置する安土が最適だったのである。

こうして、信長は計算しつくした挙句に安土城を築き、天下統一の大事業に乗り出したのだが、その夢は本能寺の変によって安土城とともに焼失してしまったのである。

59 織田信長は本当に神になろうとしたのか？

織田信長は晩年、自分の誕生日である五月十一日（十二日ともいう）に、安土城に建立した摠見寺《そうけんじ》で祭典を開いた。祭典といっても、その内容は、領内の人民が摠見寺に参詣し、神体である信長の代わりに「盆山」という石を崇拝するというものだ。

信長はそれを人民に命じ、神体を崇拝すれば、次のような功徳と利益が得られるとした。その一は、金持ちが礼拝すればますます富は増し、貧しい者が礼拝すれば金持ちになれる。その二は、八十まで長生きし、病気は治り、希望はかなえられ、健康と平安を得られる。

この祭典の話は、宣教師のルイス・フロイスがイエズス会の総長に宛てた書簡のなかに出てくるだけであり、本当にあった出来事かどうかを疑問視する声もある。

フロイスはまた、その書簡のなかで、信長が自己を神格化する宣言をした、とも記している。フロイスによれば、信長は「世界には自分の他に主はなく、自分の上に創造主もない」と言い、地上において崇拝されることを望んだという。

たしかに、フロイスは『日本史』のなかで、信長が殺されたのは神罰である、という論調で記しているから、そのつじつまを合わせるために自分を神格化した信長の暴挙をつくり上げた、と考えられなくもない。しかし、それも推論の域を出ないので、ここでは一応、祭典はあったものと考えたい。

だとすると、この祭典はフロイスが言うように、信長の神格化宣言と考えるべきだろうか？　信長は合理主義者、無神論者として知られ、信仰や宗教を否定し、解体しようとしてきた。とくに法華《ほっけ》宗と一向《いっこう》宗が大嫌いで、激しい弾圧を続けた。その信長が宗教を肯定し、しかも自分がその崇拝の対象になろうと考えるだろうか？　結論から言えば、信長は信仰や宗教に対する考えが変わり、その究極で神になろうとしたのだと思う。

信長は無神論者であったが、合理主義者でもあり、法華宗や一向宗の弾圧を通じて、人々にとって信仰や宗教というものが大きな力をもっていることを理解したのだろう。そこで領内統治はもとより天下統一に信仰や宗教が有効であることを悟り、既存の信仰や宗教に代わるものをつくり上げたかったにちがいない。

その具現化が七層の天守閣を持つ安土城であり、そこに建立された摠見寺なのである。「天守」は言うまでもなく「天主」であり、そこには仏教や神道、儒教といった既存の信仰や宗教を超えた「天道」思想が背景にある。その天道を司《つかさど》る絶対者、つまり神に信長はなろうとしたのだろう。

フロイスによれば、信長は全国から仏像や神像を集めたが、それは崇拝するためでなく、その仏像や神像に自分を崇拝させるためだった、という。そのことからも、信長が既存の信仰や宗教を否定することをやめ、人々がそれを崇拝することを認めながらも、それらの上位に自分が立つことで、「神のなかの神」のような存在をめざしたのではないだろうか。

そして、その神は民衆から崇拝されるために、既存の信仰や宗教と同じように功徳と利益を用意した。しかし、その神が既存の仏神とちがうのは、来世における救済ではなく徹底して現世利益をうたったところである。

ここに現実主義者の信長らしさを見ることができるだろう。

60 吉川経家はなぜ鳥取城に籠城したのか?

天下統一をめざす織田信長にとって、毛利氏の勢力下にあった中国地方の攻略は重要な課題だった。その重責を負って、中国方面軍の司令官の役を担っていたのが、羽柴秀吉である。

秀吉は、天正五年(一五七七)十月に中国攻略のために京都を出発すると、播磨《はりま》(兵庫県)姫路城や但馬《たじま》(兵庫県)山口岩淵城を次々と服属させた。

そして、天正八年(一五八〇)一月、秀吉は播磨の別所長治が籠った三木城を二年がかりで開城させた。この三木城の戦いは「三木の干殺し」といわれるほど秀吉の徹底した兵糧攻めによる勝利であり、城内には一粒の米もなく、城兵は馬や草木を食べる悲惨な籠城戦だった。最後は、長治が城兵の命と引き換えに自刃することを申し出て、合戦は終わった。

ところが、この三木城の戦い以上に悲惨で地獄のような籠城戦があった。「鳥取の渇泣かし」といわれた、天正九年(一五八一)十月の因幡《いなば》(鳥取県)鳥取城の戦いである。

秀吉はここでも得意の兵糧攻めを行い、城内は飢餓地獄に陥っていた。記録によると、やせ細った男女が柵にすがって敵軍に助けを求めたが、敵は容赦なく鉄砲を放ち、バタバタと倒れていった。すると、倒れた者がまだ息があるのに、城内の者たちが刃物を手にして寄ってきて……。

この惨状を救うために、鳥取城の総大将・吉川《きっかわ》経家は秀吉に使者を出し、「自分が切腹するので、城内の者の命を助けてほしい」と願い出た。秀吉は経家の潔さに感じ入り、これを認めた。さらに、経家が城兵との暇乞《いとまご》いのための酒肴《しゅこう》を求めると、秀吉は酒樽や肴を送った。その後、経家は壮絶な切腹をして、果てた。

経家は三木城の長治と同じく、城兵の命と引き換えに自刃した潔い武将として後世に名を残したが、経家と長治では大きなちがいがあった。それは、城主か否かというちがいである。長治は三木城の城主であったから、最後まで城を守ろうとしたことはよく理解できる。

ところが、経家は鳥取城の城主ではないのである。総大将ではあったが、経家はその名のとおり吉川元春を当主とする吉川一族の一人であり、石見福光城の城主なのである。その経家がなぜ総大将として鳥取城に籠城したのだろうか？

実は、その原因は、開戦前の城主の逃走というめずらしい出来事にあった。天正八年（一五八〇）五月、秀吉が鳥取城の包囲を始めると、城主の山名豊国は信長に人質を出して、早々と降参してしまった。

そこで、秀吉は豊国に城をまかせ、兵を引いた。しかし、家臣の多くは毛利氏につくことを主張して譲らなかった。こうして家臣に見放された豊国は、わずかな小姓を従え城を出て、秀吉のもとへ走ったのである。

城主がいなくなっては戦うにも統制がとれない。困った家臣たちは毛利方の元春に、総大将を派遣してくれるよう要請した。すると元春は、何人かの武将を鳥取城へ送り込んだが、いずれも力不足だといって家臣たちは納得しなかった。そこで、最後に送り出されたのが、経家だったのだ。

経家は鳥取城の城将を命じられると、それを名誉なことだと喜んだ。そしてまた、死をも覚悟した。切腹を覚悟した経家は、父親に次のような手紙を書いた。

「このような立派な最期を遂げることができるのは、吉川一族の名誉だと思う」

享年三十五歳の戦国武将の最期だった。

61 武田氏はなぜ勝頼の代で滅んだのか？

天正十年（一五八二）三月、武田勝頼は百名ほどの兵や女房らをひきつれて山道を歩いていた。しかし、その姿は目もあてられないほどで、かつて戦国最強といわれた武田氏の棟梁のものとはかけ離れていた。勝頼は裸足で、その足はすり切れ、血で紅に染まっていた。

新府城を焼き払って城を出たときには二千人ほどいた兵も、次々と逃亡し、いまは四十名ほどしかいなかった。一行は天目《てんもく》山麓の田野《たの》まで逃げのびてきたが、織田信長の軍勢はすぐ近くまで押し寄せていた。三月十一日、ついに織田軍が襲いかかり、武田軍の武士は最期まで防戦したが、次々と討ち死にし、勝頼は夫人の死を見届けたあとで、腹を切った。

こうして、武田信玄によって一世を風靡した名門・武田氏はあっけなく滅んだ。勝頼は武田氏滅亡の張本人として、後世の人から厳しく非難され、いまも甲州人には人気がないという。

一説には、もともと勝頼は信玄から期待されておらず、武田家を継ぐ器ではなかった、ともいわれている。その証拠に、信玄の男子七人のうち、勝頼だけが武田家代々の「義」や「信」をつけてもらえなかった、という。

しかし、武田氏滅亡の原因を勝頼一人に求めるのは酷なように思える。武田氏の滅亡には、ほかにも原因がなかったのだろうか？

その原因を考える際に、見逃せないのが、信玄が亡くなったあとの武田氏の動きである。信玄は天正元年（一五七三）、信濃伊那郡駒場で病死した。遺言によって、その喪は三年間秘したが、およそ一か月後には全国の戦国大名の知るところとなった。その三年の間に信長の台頭を許すことになってしまうのだが、なぜ武田氏は動かなかったのか？

その原因として考えられるのは、信玄が死後の組織、指揮系統などについてきちんと決めていなかったために、家臣の間に内紛があったのではないかということである。当時、武田氏の重臣のなかで最も実力があったのは、穴山信君《のぶきみ》（梅雪《ばいせつ》）であり、七つ下の勝頼を目下のように見ていたという。

勝頼の評価を決定的に悪くした長篠の戦いでの大敗も、実は実際に指揮をとったのは信君だともいわれている。当時の勝頼には実戦を指揮する権限がなかったというのである。さらに信君は、戦況が不利とわかるといち早く戦場を離脱している。だとすれば、大敗の責めは信君が受けるべきであろう。

その信君は、天正十年（一五八二）に勝頼を裏切り、徳川家康に寝返った。この裏切りの前には、勝頼の妹をめとった木曾義昌も信長に内通し、武田氏内部で大きな力を持った重臣二人の裏切りは、家臣団を絶望の淵に追いやった。つまり、誰もが武田家の衰退を実感したわけである。

ひとたび流れがそうなると、その流れを元に戻すことは至難のわざである。織田方に内通する武将や簡単に城を明け渡す武将が相次いで、織田軍は無人の野を行くがごとく勝頼の拠る新府城に迫った。さらに勝頼は、最後の頼みとした一族の小山田信茂にも裏切られ、信茂に言われるままに新府城を出て、最期を迎えることになったのである。

こうして見てみると、武田氏滅亡の最大の原因は、重臣らの裏切りにあったように思う。重臣の多くは信玄の時代からの宿将であり、若い勝頼に従うことに抵抗があったかもしれないが、勝頼を支えることが信玄に忠誠をつくすことになるはずだった。それをしないで勝頼を裏切った重臣たち、なかでも影響力の大きかった穴山信君の責任はきわめて重い。

もちろん、そんな重臣たちの複雑な心境を察し、統制できなかった勝頼にも責任はある。さらに言えば、死後の内紛を予測して、生前に今後の組織や指揮系統についてきちんと明示しておかなかった信玄の責任も問われるのではないだろうか。

62 羽柴秀吉はなぜ毛利氏との講和に応じたのか？

織田信長に命じられ中国攻略を進めていた羽柴秀吉は、播磨、但馬、因幡と次々に平定し、天正十年（一五八二）五月七日から、備中国（岡山県）高松城の攻撃を開始した。もっとも、攻撃といっても、秀吉得意の長期戦をにらんだ包囲である。

高松城は周りを沼田に囲まれていて、人馬は湿地に足を取られて思うように動けないという難攻の地にあった。

そこで秀吉は、水攻めを思いつき、城の西方を流れる足守川《あしもり》を堰《せき》止め、そこから東方の石井山の南麓まで約一里（四キロ）の堤防を築くことにした。工事は突貫で進められ、十九日頃に堤防は完成した。そこに水が貯まれば、城の周囲は人造湖のようになる計算である。

季節は梅雨。激しい雨が降り出し、城はあっという間に水に囲まれてしまった。この高松城の危機に毛利方からは毛利輝元をはじめ吉川元春、小早川隆景などの援軍が大挙してやってきたが、秀吉の包囲網の前にはなすすべがなかった。

そこで毛利氏は、二十七日に講和を申し出た。毛利氏の領有する備中など五か国を信長に割譲するから城内の将兵を助けてほしい、という内容である。

ところが秀吉は、毛利氏の提示した条件に、城主である清水宗治の切腹を加えてきた。さすがに、毛利氏はこれを拒んだ。宗治を見捨てれば、ほかの毛利氏配下の大名、豪族らが毛利氏に離反するおそれがあった。

こうして交渉は暗礁に乗り上げたが、そこに現れたのが安国寺恵瓊である。恵瓊が六月一日に宗治を説得して、宗治自身が城兵の命と引き換えに切腹することを申し出る形にした。それによって毛利氏も救われ、四日に宗治が自刃し、講和はなった。

この備中高松城の水攻めは、秀吉の能力の高さを伝える史実として有名である。ところが、詳しく見ていくと、秀吉の動きに不可解なところがあるのだ。実は、秀吉が高松城の包囲を始めてから八日後の十五日、秀吉は安土の信長のもとに援軍を依頼する手紙を送っている。

しかしそれは、手柄を信長に回すための秀吉一流の気くばりだった。つまり、秀吉は堤防を築いている間に勝利を確信し、仕上げを信長に託すために呼んだわけである。

それなのに、秀吉が毛利氏からの講和の申し入れに応じたのはなぜなのだろうか？　戦況は秀吉に有利であり、放っておいても勝利はまちがいなかった。講和を急ぐ必要はない。

ましてや、信長が到着する前に講和がなってしまっては、それこそ秀吉の手柄になってしまう。それでは、わざわざ出陣してきた信長の面目は丸つぶれであり、怒りが爆発することは目に見えている。

したがって、本来であれば、秀吉は信長が到着するまで交渉を長引かせて時間を稼いでいればよかったのである。それにもかかわらず講話を急いだのは、なんとも不可解である。

なぜ秀吉は講和に応じたのだろうか？　それは、本能寺の変と無関係ではないはずである。変が起きたのは六月二日の早暁《そうぎょう》。秀吉がその変報に接したのは三日の夜といわれており、その後、講和を急いだことは充分理解できる。つまり、信長の死が毛利方に伝われば、形勢は逆転しかねないからである。

しかし、変報に接する前の一日に、恵瓊の説得が成功したことを喜び、翌日の二日には高松城に酒肴を送っている。そこで考えられるのは、前述したように、本能寺の変を秀吉が事前に予期していて、すぐにでも京へ大返しする態勢を整えねばならなかったということである。

そして、その協力者が恵瓊だった。二人は高松城の戦いを終結させるために、講和をまとめたのである。

第6章

豊臣秀吉の時代の謎

プロローグ

天文二十年（一五五一）の春、十五歳の少年・日吉丸は木綿針を売りながら、東海道を東へ東へと下っていた。この頃、尾張には若き領主の織田信長がいたが、武家奉公をめざす日吉丸の耳には、信長が「大たわけ」とか「大うつけ」といわれていることが、しっかりとインプットされていた。

日吉丸は、集めた情報を十五歳の頭でしっかり分析した結果、奉公先を当時、「海道一の弓取り」といわれた駿河、遠江《とおとうみ》（静岡県）を本拠とする今川義元に絞り込んだ。

日吉丸は武士になる夢を胸に秘め、東海道を下っていたが、生活費は木綿針の売上だけであるから、贅沢はできない。その日も、三河の矢作《やはぎ》川の橋の上で横になって寝ていた。すると、突然、頭を蹴られ、日吉丸は目を覚ました。目の前には、髭面の見るからに盗賊のような男が立っていた。日吉丸は一瞬驚いたが、たじろぐこともなく、こう言い放った。

「無礼者、あやまれ！」

日吉丸のこの度胸に、男は惚れ込み、自分の手下にすることにした。

＊

日吉丸とは、言うまでもなく豊臣秀吉の幼名である。男とは、蜂須賀《はちすか》正勝（通称、小六）。秀吉と正勝が矢作川の橋の上で出会うという話は、史実以上によく知られているが、当時、矢作川には橋は架かっていなかったので、この話はつくり話であるといわれている。

また、正勝は実在の人物であるが、蜂須賀家はけっして盗賊のような家系ではなく、織田家に仕えていた。その後、正勝は秀吉に仕え、外交面でおおいに活躍している。

それでは、実際の秀吉はその頃どうしていたかと言えば、義元の家臣である松下之綱《ゆきつな》に拾われている。之綱は秀吉の「猿かと見れば人であり、人かと見れば猿のような」面相にえらく興味をひかれ、自分の家来にした。すると、秀吉はめきめき頭角を現し、草履《ぞうり》取りから始まって、ついには出納を任せられるまでに出世している。

ところが、その急速な出世が先輩や同僚の妬みをひきおこし、それが原因で之綱のもとを三年で去ることになった。そして、次に仕えたのが、当初は敬遠していた大たわけの信長だったのである。

この秀吉と正勝の出会いの話をはじめとして、秀吉をめぐる言い伝えには謎が多い。とくに、秀吉の人気の源泉である「太閤伝説」と称される一連の美談や神懸り的な話には、信憑性《しんぴょう》のないものが多いといわれている。

したがって、そうした言い伝え、伝説から秀吉を理解しようとすれば、当然のことながら本当の秀吉に迫ることはできない。そして、それは真実の戦国史を見誤ることにもなる。

素顔の秀吉とはどんな人物だったのか？ 秀吉をめぐるいくつもの謎を解き明かし、秀吉の素顔が見えたとき、いまに伝えられる戦国史もまた、ちがったものに見えてくるはずである。本章では、こうした秀吉をめぐる謎を中心に、秀吉の時代を取り上げてみたい。

ちなみに、秀吉が之綱のもとを去ったあと、信長が桶狭間の戦いで義元を撃ち破り、主君を失った之綱は家康に仕えた。したがって、もしも秀吉がずっと之綱に仕えていれば、秀吉もまた家康の陪臣として仕えていたかもしれず、そうであれば秀吉の天下取りははたしてあり得ただろうか。

このあたりにも秀吉の運の強さを感じざるを得ないが、こうした強運がまた太閤伝説や数々の逸話を残すことになっているのかもしれない。

63 柴田勝家はなぜ織田信長の後継者になれなかったのか？

本能寺の変で織田信長が明智光秀によって殺されたあと、その後継者になったのは羽柴秀吉である。しかし、誰もが秀吉を後継者として認めたり、推したりしたわけではなかった。信長の後継者争いには、柴田勝家という秀吉の最大のライバルがいたのである。

柴田家は代々織田家の家老を務めてきた家柄であり、勝家はその柴田家の子孫として重用され、信長の重臣のなかでも筆頭の地位にあった。秀吉より十五も年上の最年長の重臣で、秀吉の姓に柴田の「柴」の字を与えたほどの実力者である。

それだけに、勝家は信長の変報に接したとき、天下人になるのは自分だと思った。それはけっして思い上がりではなく、そう思うだけの地位と実力があったから、周囲にも勝家を推す声があった。

ところが、信長の後継者になったのは、勝家よりずっとあとに信長に仕えた秀吉である。なぜ本来なら後継者の椅子に最も近くにいた勝家が、そこに座ることができなかったのだろうか？　言い換えれば、なぜ後輩の秀吉が大先輩の勝家をしのいで後継者になり得たのだろうか？

結論から言えば、勝家は後継者になるチャンスをものにできなかったからである。そのチャンスは三回あった。

一回目は、本能寺の変のときである。信長公死すの変報に接したとき、勝家は越中で上杉景勝の軍勢と対峙していた。勝家は迷った。目の前の戦を中止してでも主君の弔い合戦に向かうべきか否か。しかし、愚直なまでに忠誠心の強い勝家は、北陸の戦線を死守することこそ自分の任務と考え、職場放棄を嫌った。

その間に、秀吉は毛利氏との講和をまとめ、神業のような速さで京に戻った。史上有名な「中国大返し」である。そして、たちまちにして光秀を討ち、決定的な「手柄」を手にした。この弔い合戦というチャンスで、勝家はまず秀吉にポイントを奪われた。

二回目のチャンスは、「清洲会議」だった。この会議は信長亡きあとの体制を決めようというもので、天正十年（一五八二）六月二十七日、尾張清洲城に重臣が集まった。会議は筆頭家老の格にあった勝家が招集した。これによって主導権をにぎったことで、弔い合戦で後れをとった勝家はポイントを少し奪い返した。ところが、信長の後嗣問題をめぐる論争で、勝家はまたしても手痛い失点をしてしまうのである。

勝家は、信長の後嗣として信長の三男である信孝を推した。それに対して秀吉は、信長とともに死んだ長男・信忠の嫡男である三法師（秀信）を推した。たしかに、信忠が生きていれば嫡男の信忠が後を継ぎ、信忠が亡くなれば嫡男の三法師が継ぐのが筋である。勝家は反論したが、最後は惟住《これずみ》（丹羽）長秀に説得されて、筋論をのまざるを得なかった。

最後のチャンスが、天正十一年（一五八三）三月の賤ヶ岳の戦いである。一か月にも及ぶ持久戦のあとの四月二十日、柴田軍の佐久間盛政が羽柴軍を奇襲し、戦果を上げた。しかし盛政は、勝家の命令を聞かずに撤兵しなかった。すると、秀吉率いる軍勢が中国大返しを再現するかのような迅速さで現れ、あとは有名な「七本槍」の活躍によって柴田軍は壊滅。勝家は居城である北ノ庄城に帰り、羽柴軍の総攻撃のなか、二十四日、妻のお市の方とともに自らの命を絶った。

こうして見ると、勝家は秀吉にくらべると、その動きがことごとく鈍く、決まらない感がある。気持ちだけが空回りして、やることなすことが裏目に出ている。平たく言えば、野暮ったいのである。秀吉のような鋭い切れ味が勝家にはない。

したがって、仮に勝家が信長の後継者におさまっていたとしても、秀吉にその座を奪われるのは時間の問題であったような気がするのである。

64 小牧・長久手の戦いで勝ったのは秀吉か家康か？

羽柴秀吉は賤ヶ岳の戦いでライバル柴田勝家を破り、織田信長の後継者の座に大きく近づいた。しかし、その座におさまるには、なおも克服すべき課題があった。天下人をめざす秀吉の前に二人の男が立ちふさがったのである。

一人は信長の次男・織田信雄である。本能寺の変のあと、信雄もまた信長のあとを継ぐことを考え、当初は秀吉と手を結び、勝家についた信長の三男・信孝を自殺させるのに与した。

しかし、秀吉は信長の長男・信忠の嫡子・三法師（秀信）を擁立し、信雄の勢力をそぐために、信雄の家老三人と通じた。それを知った信雄は三家老を殺し、秀吉と絶交した。そして、この信雄が秀吉の次に手を結んだのが、徳川家康であり、秀吉の前に大きく立ちふさがったのである。

天正十二年（一五八四）三月、ついに秀吉と信雄・家康の連合軍は合戦の火蓋を切った。史上有名な「小牧・長久手の戦い」である。

ところで、この戦いはいまひとつすっきりしないところがある。それはまず、戦争らしき激突がきわめて少なかったことと、結局、秀吉と信雄・家康のいずれが勝ったのか明快でないからである。

戦いの経過を見てみよう。合戦は家康が浜松城を出て尾張に出陣したことから始まった。家康は十三日、清洲で信雄と合流。すると、秀吉軍の先鋒隊も尾張に到着し、連合軍の居城の一つ蜂城を陥落させ、さらに池田恒興と森長可《ながよし》の軍は犬山城をも陥落させた。ここまでは、まちがいなく秀吉の勝利である。

ところが、犬山城陥落の報に接した連合軍は、ただちに清洲から出陣し、尾張平野の中央に位置する軍事上の要衝・小牧山を占領した。十七日、犬山城での勝利に気をよくした長可は羽黒に出陣して、家康の部将である酒井忠次、榊原康政、奥平信昌らと戦ったが、今度は敗退させられた。二十八日、秀吉が小牧山に近い楽田《がくでん》城に入り、家康と対峙すると、その後は膠着《こうちゃく》状態が続いた。

四月六日夜半、秀吉軍の恒興父子と長可らが、長久手を経て家康の三河岡崎城めざして出陣した。ところが、これを知った信雄・家康はただちに追撃した。こうして両軍は再び相まみえたが、この長久手の戦いで、恒興父子と長可は戦死。総大将に命じられた秀吉の甥・秀次はほうほうの体で逃げ帰った。つまり、長久手の戦いの勝者はまちがいなく、信雄・家康のほうだったのである。

このあと信雄・家康は小牧山に戻り、両軍は再び対峙する。そして、十五日、秀吉は信雄と講和を結び、撤退した。信雄が講和に応じたことから、家康の信雄支援という大義名分もなくなり、戦いは終結した。

以上見てきたように、小牧・長久手の戦いは緒戦は秀吉の勝利、長久手の戦いは信雄・家康の勝利と言ってよいだろう。しかし、戦い全体ではいずれが勝ったのか、はっきりしない。

ただし、講和を急いだのは秀吉のほうである。その理由は、家康の用兵のうまさと、家康麾下の武将たちの団結力の強さを目の当たりにしたからにほかならない。両軍の兵力は秀吉軍十万に対して連合軍は三万。数のうえでは秀吉軍が圧倒している。しかし、家康の武将が家康に忠誠を誓った部下であるのに対して、秀吉軍の武将の多くはかつての同僚や先輩であり、秀吉への忠誠心は薄い。秀吉は、このまま戦っても勝てる見込みがないことに気づいたにちがいない。

しかし、その後の歴史を見ればわかるように、信長のあとを継ぎ、天下人になったのは家康ではなく秀吉である。家康はその実力を秀吉に恐れられながらも、秀吉に臣従するはめになってしまった。つまり、小牧・長久手の戦いは、実戦では信雄・家康の連合軍が勝利し、外交では講和によって自軍の勢力をそれ以上失うことを避け、のちの天下取りにつなげた秀吉が勝利した、というわけである。

65 秀吉はなぜ姓を木下から羽柴、豊臣と改めたのか？

豊臣秀吉ほどいろいろな名前を持つ歴史上著名な人物はいないのではないだろうか。よく知られる名前には、幼名の「小猿」「日吉丸」から「木下藤吉郎」「羽柴秀吉」「豊臣秀吉」などがあるが、このほかにも「平秀吉」「藤原秀吉」時代がある。

幼名はともかく、なぜ秀吉はかくも何度も姓を改めたのだろうか？　そこで秀吉の名前の変遷を見ていくと、出自の謎や天下人をめざす秀吉の野望が見えてくるのである。

後世によく伝わる、いわゆる「太閤伝説」によれば、秀吉は、天文五年（一五三六）申《さる》年の元旦に、尾張中村の農民・木下弥右衛門の子として、日の出とともに生まれ、幼名を日吉丸といったという。

ところが、まずこの出自から疑わしいのである。その後の研究では、生年は天文六年（一五三七）とする説が一般的であり、この年は申年ではなくて酉《とり》年だった。

また、父親の弥右衛門に木下という姓があったかどうかも定かでない。

通説では、弥右衛門は織田家の足軽として仕えていたが、戦傷が原因で故郷に帰り、農民になったという。しかし、秀吉が木下を名のるのは、妻お弥と結婚した頃からといわれている。それは弥の父が木下氏の出身だったからだとも、また、木の下で謁見したので織田信長から木下姓を与えられたともいわれている。

それに、姓を持つ農民というのは、当時は相当の有力者であり、伝えられる弥右衛門はとてもそんな農民とは思えない。つまり、弥右衛門には姓はなく、のちに木下姓をつけた疑いが濃いのである。

次に、日吉丸という幼名も怪しい。〇〇丸という幼名は、一般的に武士の子につけるものであり、農民の子にはつけない。これは日吉権現の使いである猿にちなんで名づけたものであり、生年を申年にしたのと同じ発想である。

それでは子どもの頃の秀吉はなんと呼ばれていたのだろうか。おそらく、容貌が猿に似ていたことだけはまちがいではなかったと思う。したがって、小猿というのが秀吉の幼名だったにちがいない。

秀吉がめきめきと頭角を現すようになると、姓も木下から羽柴に改めた。羽柴は先輩格の武将である丹羽長秀の「羽」と柴田勝家の「柴」をもらってつけた姓である。しかし、のちにこの二人の重臣とも肩を並べるようになり、本能寺の変で信長が殺されると、俄然天下人を意識し出した。

そして、弔い合戦となった山崎の合戦で明智光秀を倒すと、信長の後継者を自認

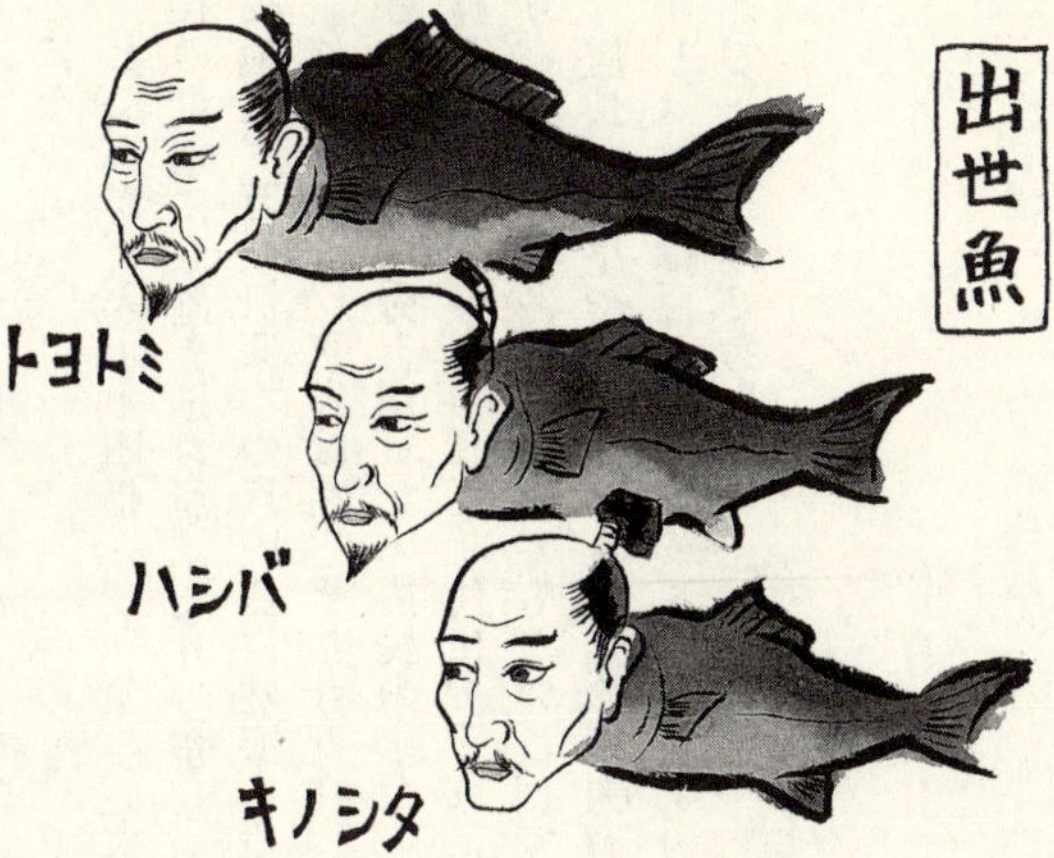

して、信長が名のった「平氏」を自分も用いて平秀吉と名のった。

さらに征夷大将軍になるためには源氏でなければいけないとなると、ときの将軍・足利義昭の猶子になろうともした。義昭はこれを拒否したが、もしこれが成立していれば「源秀吉」とも名のっていたわけであり、まさになんでもありの無節操ぶりである。

秀吉のなりふりかまわぬ貴姓への執着は、これだけでは終わらなかった。天正十三年（一五八五）七月、秀吉は臣下第一の職である関白についた。

ところが、関白もまた誰もがつける職ではなく、代々藤原氏が独占していた。すると、秀吉は藤原氏北家良房流の近衛前久《さきひさ》の猶子となり、藤原秀吉を名のった。つまり、秀吉は日本の四大貴姓である「源平藤橘」のうちの一つを名のったことになる。

ところが、天正十四年（一五八六）、太政大臣にまで昇りつめた秀吉は、ついに既存の貴姓にも飽き足らなくなり、新しい貴姓を名のるようになった。それが、「天長地久、万民快楽」の意の豊臣姓である。

このように、秀吉は姓、それも貴姓への執着が強かった。それは信長や徳川家康とはちがい、秀吉が貧しい農民の子という出自ゆえのことかもしれない。しかし、姓が天皇から与えられた時代に、それに執着することは天皇制を肯定することであり、朝廷にとっては願ってもないことであった。

信長が天皇や将軍よりも上位の権力者になろうとしたことを思うと、秀吉の野望がしょせんは臣下としての天下人であり、信長の大きさには遠く及ばないように思えてしまうのである。

66 黒田官兵衛はなぜ突如引退したのか？

天正十七年（一五八九）、豊前中津城の城主・黒田官兵衛（如水）は、突然、豊臣秀吉に引退を申し出た。引退の理由は「衰老」。しかし、そのときの官兵衛の年齢は四十四歳。

いかに人生五十年の時代とはいえ、衰老というにはあまりにも早すぎる。それが証拠に、官兵衛は家督を嫡子の黒田長政に譲ったあとも武将としておおいに活躍している。

それではなぜ官兵衛は引退したのだろうか？　一説には、三年前の天正十四年（一五八六）、官兵衛は九州征伐で手柄をあげたにもかかわらず、その論功行賞が不足で引退したという。この遠征で官兵衛は軍奉行として功績を上げ、秀吉から豊前国六郡十二万石を与えられたが、これに不服で引退したというわけである。

この論功行賞が妥当であったか否かは正直わからない。しかし、直情径行型の武将ならともかく、智謀の将として知られた官兵衛が、はたして論功行賞の多寡で引退するものだろうか？　官兵衛はそんな目先の利益に一喜一憂するような器ではないと思う。

実際、官兵衛がいかに優れた武将であったかは、次のエピソードがよくそれを物語っている。

天下を手にした秀吉が、あるとき側近に、秀吉が死んだあとの天下人は誰かと問うた。それで側近らが、五大老のうちの誰かであろうと答えると、秀吉は頭を振ってこう言ったという。

「そうではない。あの黒田官兵衛のほかには考えられない」

またあるとき、秀吉はこうも言ったという。

「世に恐ろしいのは徳川と黒田である。それでも徳川は温和な人だ。それにくらべ、黒田はなんとも心を許せない」

それくらい秀吉は官兵衛を恐れていたが、その智謀を高く評価し、名参謀としてなにかにつけて相談した。

ところが、その秀吉が、あるときを境に官兵衛を警戒し始めたのである。それは、秀吉と官兵衛が本能寺の変報に接したときのことだった。官兵衛は秀吉ににじりよって、「君の御運が開かれるときですぞ。さあ、立ち上がりなさいませ」と膝をたたいたのである。

前述したように、秀吉は本心では主君・信長の死は天下取りの好機と思っただろう。それを見抜いたかのように、秀吉に天下取りの好機とけしかける官兵衛に、秀吉は恐れをなした。こんなに感情に左右されることなく天下の情勢を冷静に分析、判断できる男なら、たしかに天下を取ることもできよう。秀吉はそう思ったにちがいない。

そこで、官兵衛の勢力がそれ以上大きくならないように、領国は豊前十二万石のままにしたのである。すると、そんな秀吉の自分に対する処遇を見て、人間洞察力に優れた官兵衛は秀吉の心の変化を読んだ。

秀吉は自分を恐れている。このままではいつか自分を葬ろうとするだろう。いまの秀吉に大挙して攻められたのではひとたまりもない。そうならないためには、ここは先に自分のほうから一線を退いたほうがよいだろう。

官兵衛はこんなふうに考えたにちがいない。

実際、この引退の申し出によって官兵衛も黒田家も存続し、官兵衛はひき続き活躍の場を得ている。

官兵衛がけっして衰老が原因で引退したわけでないことは、秀吉亡きあとの天下分け目の関ヶ原の戦いのときに、官兵衛が九州で挙兵し、すきあらば家康に代わって天下を奪おうとしたことを見れば、一目瞭然である。

67 北条氏の誇る籠城策はなぜ敗れたのか？

天下統一をめざした豊臣秀吉の最後の大敵は、関東の雄・北条氏だった。北条氏は西の毛利氏に匹敵する強大な勢力であり、秀吉にとって最後に残った難敵である。北条氏（後北条氏）は早雲が関東に領土を築いて以来、甲斐の武田信玄と越後の上杉謙信らと三つ巴の戦いを繰り広げてきた。

そして、織田信長が没し、秀吉が後継者として天下をめざすようになると、北条氏は徳川家康と姻戚関係を結び、秀吉に対抗した。しかし、秀吉は九州を平定すると、家康を通じて北条氏政・氏直父子に上洛を命じた。

そこで四代目当主の氏直は叔父の氏規《うじのり》を上洛させ、上野沼田城と引き換えに上洛する旨を伝えた。すると、秀吉はこれに応じ、両氏の関係は平和裡に解決しそうであった。

ところが、天正十七年（一五八九）十月二十三日、北条氏の家臣が、秀吉方の真田昌幸の支城である名胡桃《なぐるみ》城を奪い取ってしまった。これに秀吉は激怒し、ついに十一月二十四日、秀吉は北条氏の討伐を決意した。そして、全国の諸大名に出陣を命じたのである。

天正十八年（一五九〇）二月七日、秀吉軍の先鋒隊として家康が二万五千の兵を率いて駿府を出発した。三月一日には秀吉もまた三万二千の兵力で京都を出発。そのほか全国の諸大名が続々と参戦し、秀吉軍は総勢二十一万の大兵力となった。それに対して北条軍は、秀吉との戦いに備えて兵力の確保に努め、また農民を大量に動員させたものの、その数は五万六千である。

兵の数ではまったく勝負になりそうにない戦いであった。ところが、北条氏にはこれまで信玄や謙信をも撃退した伝統的な戦法があった。それは北条氏が誇る小田原城での籠城戦である。

小田原城の周囲には「総構え」とか「惣郭」と呼ばれる大きな外郭があり、そのなかに城も町も入っていた。この大外郭によって守られた城に籠り、相手が撤退するのを待つのが、北条氏の伝統的な戦法なのである。

しかし、この難攻不落と思われた小田原城に籠った北条氏は、七月五日、ついに降伏した。氏直は、自分の切腹と引き換えに父・氏政はじめ城兵の命を助けるよう申し入れたのである。なぜ北条氏の伝統的戦法は敗れたのだろうか？

実は、北条氏には大きな誤算があった。それは、この伝統的な籠城戦に対して、これまでの敵である信玄や謙信には長期にわたって城を包囲する余裕がなかったことである。したがって、じっと籠城し、守りを固めていれば敵はお手上げになり、撤兵していった。

しかし、今回は相手が悪かった。秀吉は中国経略でも見せたように長期包囲や兵糧攻めを得意とした。つまり、今回の戦いは籠城と包囲という、ともに得意とする戦法の激突だったわけであるが、秀吉の包囲のほうが上手であった。

たとえば、秀吉は長期戦に備えて、将兵たちに自由に酒宴させたり、諸大名には妻を呼ばせたりした。さらに秀吉は、その間に北条氏の支城を次々に陥落し、小田原城を孤立させた。また、北条氏の老臣が秀吉側に寝返るなどして、城内の士気は下がる一方だった。

こうして、北条氏の伝統的な戦法は敗れ、氏政とその弟の氏照は自殺、家康の女婿であることから助命された氏直と叔父の氏規は高野山に追放された。早雲に始まった後北条氏は、一世紀ののち滅亡したわけである。

68 豊臣秀吉はなぜ千利休を殺したのか？

天正十九年（一五九一）二月十三日、茶匠・千利休のもとに、豊臣秀吉の使者が訪れた。使者は利休に「堺へ退却するよう」命じた。利休は突然の追放命令に驚いたが、その晩、聚楽《じゅらく》屋敷を出た。

そして、堺で十余日を過ごしたあとの二十六日、利休は京都に召喚され、切腹を命ぜられた。利休は覚悟を決め、二日後の二十八日に腹を切り、果てた。享年七十歳だった。

この利休の死は、いまだに謎とされている。秀吉が利休を追放し、さらに切腹を命じたのはまちがいないが、なぜ秀吉は利休を殺したのかが、いまだに定かでないのだ。言い換えれば、秀吉は利休のどこが気に入らなくて処罰したのか、ということである。

秀吉が利休に切腹を命じた理由については、実に多くの説がある。ざっと列挙してみると、次のようなものがある。

①茶器の鑑定・売買などで利休に不正があったこと、②大徳寺の山門に利休が自

分の木像を安置したこと、③利休の娘を秀吉が所望し、これを利休が断ったこと、④利休の侘びを重視する茶道と秀吉の黄金趣味が合わなかったこと、などなど。

①については、利休が秀吉から「天下一の宗匠」という称号を与えられた茶の湯の権威という立場であれば、茶器の鑑定や売買などに与える影響は絶大なものがある。利休が一言「良し」と言えば、その値は大きくはね上がる。利休がそんな便宜をはたらき不当な礼金を受け取っていれば、秀吉に処罰されてもしかたのないことである。

②については、利休の責任とは言えない面がある。そもそも山門に利休の木像を安置しようと考えたのは、利休ではない。大徳寺の古渓宗陳《こけいそうちん》が利休に山門建立の相談をし、利休が費用を寄進した。これに感謝した古渓が利休の木像をつくり、山門に奉納したのである。

ところが、これが秀吉の目に、自分の威光を振りかざす思い上がりの行為と映った。秀吉はこのことが相当許せなかったらしく、利休が自刃したあと、木像をひきずりおろし、町中を引き回したうえ、一条戻り橋で磔《はりつけ》にかけている。

③については、江戸時代以来、最もよく伝えられた話である。利休の娘・お吟は嫁いだ夫に死なれ、独り身であった。それを秀吉が見そめ、自分の側室に望んだが、利休が拒否したというわけである。好色で有名な秀吉であれば、充分に考えら

れる理由かもしれない。

④については、茶の湯に対する二人の考え方のちがいである。利休が求めた茶の湯は侘び茶であるのに対して、秀吉は豪奢な茶の湯を求めた。

その典型が、大坂城の本丸につくった黄金の茶室である。そこで使う茶器は茶釜も茶道具もすべて黄金だった。このまったく正反対の趣向はあい入れることなく、ついに秀吉の怒りにつながったというわけである。

以上の諸説はどれも、利休と秀吉の関係を物語っているように思う。利休もけっして茶道だけを追い求めた求道者ではなく、堺の商人の血を引き継ぎ、秀吉の側近として政治にも口出ししていた相当に権力志向の高い人間だった。

事実、利休は「内々のことは宗易《そうえき》（利休）が、公儀のことは宰相（豊臣秀長）が存じている」といわれたほど、秀吉の政権に深くかかわっていた。そんな利休であれば、権力に増長し、不正蓄財をしたことも充分考えられるだろう。

また、それだけの実力者であれば、内部に敵もいたはずである。つまり、秀吉の側近として重要な地位にいる利休を邪魔に思い、排除したいと考えていた勢力である。

その勢力にとっては、利休と近かった秀長もまた目の上のタンコブだったが、この秀長は天正十九年（一五九一）一月二十二日に病死した。残すは利休一人になり、そのほぼ一か月後に利休は切腹させられている。

利休の死後、秀吉のもとで石田三成や前田玄以《げんい》らの五奉行が勢力を拡大していったことは、あまりにもよく知られた話である。

69 蒲生氏郷は豊臣秀吉に毒殺されたのか？

文禄四年（一五九五）二月七日、会津（福島県）九十一万石の領主・蒲生氏郷は、京都伏見で四十年の生涯を閉じた。臨終の場には、同じキリシタン大名の高山右近が詰めかけ、十字架にはりつけられた聖像を氏郷に見せた。氏郷はそれに向かってゆるしを乞い、懺悔《ざんげ》の言葉を述べてから息をひきとった。

この氏郷の死について、古くから、豊臣秀吉に毒殺されたという説がある。そう説く決定的な証拠があるわけでない。実際は、氏郷を診療した名医・曲直瀬《まなせ》道三《どうさん》の診断書などから推測すると、胃がんか胃潰瘍の可能性が高いと言われるが、なぜ「秀吉毒殺説」が流布されたのだろうか？

その謎を解くには、氏郷の生い立ちと、その人となりを振り返る必要がある。氏郷は弘治二年（一五五六）、近江日野城の城主・蒲生賢秀《かたひで》の長男として生まれた。永禄十一年（一五六八）、十三歳のときに人質として織田信長のもとに行くが、氏郷は信長らが戦の話をする席にいつも出て、熱心に聞いていた。それを見て、稲葉貞通が「この子は尋常の人物ではない。この子が優れた武将にならなければ、ほかになる者はいまい」と言ったという。

翌年の永禄十二年（一五六九）、十四歳で初陣に出て首級を挙げ、その年、信長の娘をめとった。その後も越前の朝倉氏攻めをはじめ信長の戦いに従い、戦功をあげた。そして、信長が本能寺の変で殺されると、その後は秀吉に仕えた。

秀吉のもとでも戦功を重ね、天正十五年（一五八七）、九州征伐の功により秀吉から羽柴の姓を与えられた。そして、翌年の天正十六年（一五八八）には松坂城を築き、本拠地とした。この陣中で、秀吉は出陣した武将の人物評を披露したが、氏郷についてこう評した。

「氏郷は自分に似ている。わしがしようとすることを、あいつはそっくりしてしまう。恐るべきやつだ」

つまり、ここまでの生い立ち、戦歴を振り返ってみると、氏郷が幼少より尋常の人物ではなく、武将としても数々の戦功をあげた大器であったことがわかる。そして、その大器ゆえに秀吉から警戒されるようにもなった。その秀吉の警戒心が、より高じたと思われるのが、氏郷の会津への転封《てんぽう》である。

天正十八年（一五九〇）、秀吉は小田原征伐の論功行賞として、氏郷を伊勢十二万石から会津四十二万石（のちに九十二万石に加増）に移した。四十二万石は大封《たいほう》である。しかも、会津は関東および奥州の要地であり、氏郷は伊達政宗と徳川家康の監視役として選ばれた。秀吉はこの人選にあたって、誰が適任かを諸将に問うた。すると、十人中九人が細川忠興の名をあげた。秀吉はそれに答えて、「おまえたちの愚かさはひどいものだ。これでは、わしが容易に天下を取れたのも当然だ。会津の地は、蒲生氏郷以外に置く者はいない」と言ったという。そのくらい重要な使命を秀吉に任されたわけであり、名誉なことのように思える。

ところが、氏郷の気持ちはそうではなかった。氏郷は転封を命ぜられたあと、御前より退出すると、広間の柱に寄りかかって泣き出した。それを見た同僚が、うれし涙と思って「もっともなことだ」と言うと、氏郷はこう答えたという。

「そうではない。小身《しょうしん》であっても都の近くにいれば天下を望むことができる。しかし、どんなに大身《たいしん》になっても、都から遠い国へ行ってしまえば、天下の望みはかなわなくなる。自分はそれが残念で、不覚にも涙をこぼしたのだ」

　実際、氏郷が会津へ向かうとき、秀吉は近臣に、「氏郷は会津に行くことをどう思っているか？」と問うた。そこで近臣が、「ことのほか、迷惑がっています」と答えると、「そうであろう。ここに置いておいては恐ろしいやつだから、会津へやるのだ」と言ったという。

　氏郷は会津に移ってから、血便を出すなどして体調を崩していった。秀吉は氏郷を会津に送っただけではまだ安心できず、手を回したのだろうか……。

70 豊臣秀次はなぜ秀吉に切腹を命ぜられたのか？

文禄四年（一五九五）七月十五日、高野山に追放された豊臣秀次のもとを、養父・豊臣秀吉の使者である福島正則や福原直高、池田秀氏らが訪れ、切腹を命じた。秀次は命ぜられるまま腹を切った。そして八月二日、三条河原で、秀次の子女妻妾ら三十九人は、秀次の首の前で次々と斬られた。

この秀次の自刃の原因を、乱行や謀反に求める説がある。乱行については、農夫を鉄砲の的にして撃ち殺したり通行人を捕らえて射殺したりしたほか、妊婦の腹を裂いて胎児を見たともいわれている。さらに、正親町上皇の諒闇《りょうあん》（天皇の喪）中に鹿狩りをすると言い出し、「いんの御所　たむけのための狩なれば　これをせつせうくはんぱくといふ」と落書され、「殺生関白」と綽名《あだな》をつけられた。

謀反については、秀次が朝廷に金五千枚を献金して朝廷を抱き込み、さらに毛利氏と結んで謀反を企てたというものである。証拠として毛利氏に渡した起請文《きしょうもん》が挙げられた。乱行に加え謀反の疑いまで明らかになったことで、ついに秀吉の怒りが爆発し、切腹を命じたというわけである。

しかし、この説は秀次を一方的に悪者にしており、あまりにも酷である。第一、秀次の乱行についてはほとんど確証がないのだ。鹿狩りの件は事実であったと思うが、そんな非常識な行為をしたのには、それなりのわけがあった。それについては後述するが、謀反については、秀次はとてもそんな大それたことを考える器ではなく、でっち上げと言ってよいだろう。

切腹の原因が乱行でも謀反でもないとすると、では、秀次はなぜ切腹を命ぜられたのだろうか？

よく言われるのは、秀吉と淀殿の間にお拾《ひろい》（のちの豊臣秀頼）ができたことである。このお拾が生まれたことで、秀吉は秀次に関白の職を譲ったことを後悔し、秀次を亡きものにしたというわけである。実際、秀吉はお拾可愛さのために、秀次に「日本国の五分の一をお拾に、五分の四を秀次に与えよう」とか「秀次の娘を将来、お拾の妻にしてはどうか」など、あれこれと提案した。また、吉野山の花見に秀次を呼んでご機嫌を取った。ところが、秀次が秀吉の提案によい返事をしなかったために、秀吉の態度は急変した。そのときに秀次が秀吉の提案を素直に受け入れていれば、秀次は死なずにすんだといわれている。

しかし、秀次にしてみれば、秀吉の態度はゆるせなかったにちがいない。秀次にすれば、秀吉は関白を自分に譲っておきながら、お拾が生まれたとたんに関白を早く譲れと言っているに等しかった。秀次がふてくされるのも当然である。秀吉の態度が硬化したあとは、秀次はより自暴自棄になり、少なからず奇行があったにちがいない。鹿狩りの件も、そんな秀次の心の揺れがさせたのではないだろうか。

それにしても、秀次を自殺に追い込んだのは、秀吉の怒りだけではないように思う。いくらお拾が可愛いといっても、秀次も甥であり、肉親の一人である。殺さなくてもよかったのではないだろうか。それを秀吉が決意したのは、別の力がはたらいたからにちがいない。その力とは、秀次の存在が邪魔な勢力であり、四年前に千利休を自殺させた勢力でもある。石田三成や前田玄以らの五奉行は、秀吉が関白を譲り太閤となったあとも秀吉に仕え、関白の秀次を無視していた。

しかし、秀吉の寿命がそう長くないことはわかっていたので、秀吉が亡くなれば自分たちが冷遇されることは目に見えていた。その兆候は蒲生氏郷の遺領問題で表れて、秀次は太閤の決定に従わず、関白の権限を行使した。

そこで彼らは、お拾が誕生すると、淀殿に近づき、その権力の座を守ろうとしたのである。お拾を秀吉の後継者とするためには、秀次を抹殺しなければならなかった。そこで三成は、起請文を輝元から入手し、それを秀吉に見せて秀次の誅伐《ちゅうばつ》をたきつけたのである。したがって、秀次が切腹を命ぜられた真因は、三成を筆頭にした勢力の台頭の前に秀次が立ちふさがったことだったのである。

71 伊達政宗はなぜ二度も死罪を免れたのか？

豊臣秀吉は天下人となったのち、その権力をかさに自分に刃向かう者や言うことを聞かない者を、思いのままに亡きものにした。千利休しかり、豊臣秀次しかりである。つまり、秀吉の怒りにふれれば誰であろうと、たちまちにしてその首が飛んだのである。

ところが、二度も秀吉の怒りにふれながら、死罪を免れた戦国武将がいた。奥州の雄・独眼竜こと伊達政宗である。なぜ政宗は二度までも死罪を免れたのだろうか？

政宗は天正十七年（一五八九）七月、蘆名《あしな》義広との戦いに勝利し、会津を手に入れた。これによって、政宗は奥州および関東や越前の一部にまで及ぶ広大な領土を支配するようになったが、この時期、この地域での武力紛争は秀吉によって禁じられていた。しかも、義広は秀吉に通じていたので、政宗は完全な違反行為を犯したことになった。

政宗は必死に弁明し、浅野長政や前田利家、富田知信らの秀吉へのとりなしによってなんとか弁明は認められた。しかし、次には上洛（つまり、臣従すること）を迫られていた。さらに、この時期、秀吉は小田原の北条氏征伐のために各地の諸将に参戦を命じていた。

ところが、政宗は情勢を読み切れず、迷っていた。上洛すれば秀吉への服従を余儀なくされ、奥州の領土を奪われるにちがいない。また、北条氏との戦いも、もし秀吉が敗れれば、そのときは自分が関東を支配できるかもしれない。そうこうして上洛も参戦もしないうちに、戦局はどんどん秀吉軍有利に進んでしまった。

政宗がようやく参戦を決意したときには、時すでに遅かった。政宗は会津の黒川城を出るとき、重臣らと訣別の盃を交わした。秀吉に逆らった以上、首が飛んでもおかしくなく、決死の覚悟だった。

天正十八年（一五九〇）六月五日、政宗は小田原に到着した。しかし、秀吉には謁見できず、底倉の宿で謹慎させられた。閑静な宿ではあったが、いつ秀吉から切腹を命ずる使者が訪れるかわからなかった。

数日後、使者が訪れ、会津攻略などを政宗に詰問した。翌朝、再び使者が訪れ、石垣山の秀吉の本陣に出向くよう命ぜられた。

いよいよ秀吉への謁見である。すると、政宗は水引で髪を結び、甲冑の上に白い陣羽織をはおって参上した。死装束である。この捨て身のパフォーマンスに秀吉は気をよくして、死を賜ることはしなかった。領土も会津が召し上げられただけで奥州の本領は安堵された。

こうして政宗は絶体絶命の危機を脱した翌年の天正十九年（一五九一）に、再び秀吉の怒りにふれた。政宗は会津に移封《いほう》された蒲生氏郷とともに一揆の平定を命じられたが、これに動かず、裏で一揆を扇動している、と氏郷から嫌疑を受けたのである。氏郷はその嫌疑を秀吉に報告し、政宗は再び喚問を受けることになった。政宗は上洛を命じられたが、今回は秀吉の臣下として罪を犯したわけであるから、前回よりも事は重大だった。

すると、政宗は金箔をほどこした磔柱《はりつけばしら》を馬の真っ先に立てた行列で、上洛した。そして秀吉が、政宗が一揆に配ったという檄文を見せると、それが偽書であることを堂々と弁じた。秀吉はうなずき、政宗をゆるした。つまり、ここでも政宗のパフォーマンスと弁舌が功を奏したわけである。

しかし、秀吉はけっして政宗のパフォーマンスと弁舌に、政宗の誠心を感じてゆるしたわけではない。百戦錬磨で人間洞察力に優れた秀吉が、奥州の田舎大名の魂胆など百も承知に決まっていた。それでは秀吉はなぜ政宗をゆるしたのだろうか？

結局、秀吉は、死をも恐れず堂々と自分の前に出てくるその政宗の豪胆ぶりを愛し、罪状はともかく、殺してしまうには惜しいと思ったのではないだろうか。

72 豊臣秀吉の死因は何か？

慶長三年（一五九八）八月十八日、豊臣秀吉は伏見城で息をひきとった。享年六十二歳。もっともこれは、秀吉の誕生日を天文六年（一五三七）酉年とする説によるもので、秀吉は天文五年（一五三六）申年に生まれたとするならば、享年は六十三歳になる。

秀吉の衰えが著しくなったのは、文禄四年（一五九五）頃からといわれている。史料によれば、この年の四月、秀吉は寝小便をしたという。老化現象の始まりであるが、このとき秀吉はまだ五十九歳である。いかに人生五十年の時代といっても、老け込みすぎである。

しかし、実際に、秀吉は老け込むのが早かった。有名な「醍醐《だいご》花見図屏風」に描かれた秀吉は、とても六十二歳とは思えないほどやつれている。また、姿勢も前のめりで、七十歳、八十歳といってもおかしくないほどの爺臭さである。

実際、秀吉の病気が本格的になったのは、この花見が開かれた慶長三年三月十五日の約二か月後あたりからといわれ、さらにその三か月後に、秀吉はなくなったことになる。

あの屏風絵の異様なまでのやつれよう、老け込みようから見て、いったい秀吉は何が原因で死んだのだろうか？

秀吉の死因については、昔からさまざまな説が唱えられ、いまだに真相は明らかにされていない。「病死説」が有力であるが、その病名だけでも諸説ある。たとえば、熱病をはじめ労咳、喘息、赤痢、腎虚《じんきよ》、肺がん、胃がんまで、実に多い。

なかでも、秀吉は好色で知られ、一説には約三百人の妾がいたと言われたことから、「腎虚説」は有力である。三百人の妾は誇張としても、淀殿はじめ十六人くらいの愛妾がいたことはまちがいなさそうである。

もっとも秀吉に愛妾が多かったのは、正室の北政所との間に子どもが授からなかったことから、愛妾との間に後嗣となる子どもをつくるためであり、必ずしも好色ゆえではないという見方もある。

また、残された史料から秀吉の症状を分析し、胃がんの症状であるという説も近年有力になっている。

しかし、その一方で、秀吉は不老長寿や強精にも関心が高かった。当時の日本人が食べ物として避けていた牛肉や鶏卵を、秀吉は食していた。また、朝鮮の役に際しては、侍医の施薬院全宗が虎の肉が不老長寿、強精に効果が高いと言うと、朝鮮に出征中の将兵に虎の肉を送らせたという。

それほどまでに滋養強精に気をつかっていた秀吉が、そんなに簡単に死ぬわけがないという視点から、秀吉の死因は病気ではなく毒殺ではないかという説がある。「毒殺説」によれば、秀吉は朝鮮からの使節に、毒を強壮剤と騙されて、一服盛られた末に殺されたという。この毒殺説は日本だけでなく朝鮮の史料、文献にも記されている。しかし、その信憑性はもうひとつ低い。

このように、いまとなっては秀吉の死因は不明だが、なんらかの病気が原因だったのではないだろうか？　その病名は、晩年の秀吉が五大老や五奉行に、わが子である豊臣秀頼のことを何度も頼んだように、痴呆（今でいう認知症）のようなものだったのかもしれない。

少なくとも、死を間近にした秀吉には、往年の回転の速い頭脳は失われていたように思えてならないのである。

第7章
徳川家康の時代の謎

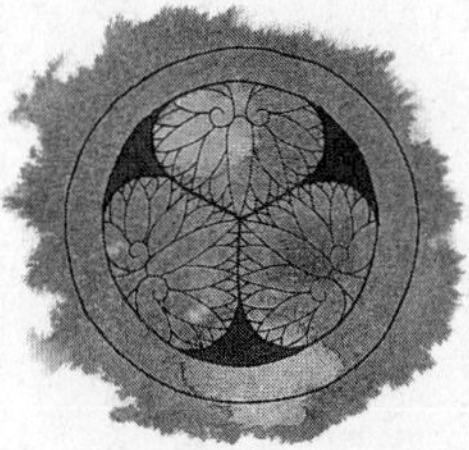

プロローグ

元亀三年（一五七二）十二月二十二日、三方ヶ原。若き徳川家康は、戦国最強軍団といわれた武田信玄の軍勢に攻撃をかけた。浜松城を出た家康の八千の兵力は二万五千の武田軍を追尾し、勇猛な将兵たちは敵陣の中央付近まで突き進んだ。すると、それを待っていたかのように、武田軍は突如向きを変え、反撃に転じた。

形成は逆転し、さらに武田軍の第二陣に側面攻撃を受けると、家康の軍勢は総崩れとなり、撤退を余儀なくされた。家康も将兵に守られながら必死に馬の尻をたたき、恐怖に青ざめながら浜松城に逃げ帰った。

ところが、城に逃げ帰った家康は城門を閉めずに、逆に開け放つよう命じた。さらに、門の中にも外にも篝火をたかせた。家康は、そこまで指示すると、湯漬けを三杯食べ、ひと言「疲れた」と言って、大いびきをかきながら眠ってしまった。

武田軍は家康の軍勢を追って、城門近くまで来たが、門が開け放ったままで、篝火がたいてあるのを見て、これは何か計略があるにちがいないと警戒して、それ以上の攻撃をあきらめ、退却した。

＊

以上は、戦国史上に名高い「三方ヶ原の戦い」の様子である。この合戦で、家康は信玄に惨敗し、その格のちがいをまざまざと見せつけられた。家康を挑発して三方ヶ原まで誘《おび》き出した戦術といい、精鋭からなる二万五千の兵力といい、格段に信玄は上をいっていた。

その武田軍の恐ろしさに、家康は馬の背にしがみつき城に逃げ帰る途中で、脱糞してしまったほどである。まさに、このときの家康は隆車に向かう蟷螂《とうろう》のようであった。

しかし、当時の家康にしてみれば、無謀な抵抗といわれても、自国の領土を脅かす武田軍を前に手をこまねいて見ているわけにもいかなかった。そこで臆病風に吹かれて城に籠ってしまえば、若き当主の未来はなかったかもしれない。

徳川家康と言えば、その遺訓である「人の一生は、重き荷を背負うて遠き道をゆくがごとし」の言葉が象徴するように、「忍」の人であったイメージが強い。

天下人をめざしながらも、豊臣秀吉の天下の間はじっと耐え忍んだ我慢強さは、「石橋をたたいて渡る」慎重さとあいまって、いつしか家康像は戦国武将というよりも「たぬき親爺」と称される老獪な大政治家として確立された感がある。

ところが、素顔の家康は三方ヶ原の戦いで見せたように、血気盛んなところもあり、また追撃を避けるためにあえて城門を開け放つという豪胆な面もあった。

それは家康がまだ若かったからだという指摘もあるかもしれないが、家康は終生戦好きで、戦場では興奮し、こぶしで鞍の前輪をたたきながら「かかれ！かかれ！」と大声を張り上げるのを常としていたという。

思うに、その体の奥底には、やはり合戦の修羅場をいくつもかいくぐってきた戦国武将としての熱い血が、煮えたぎっていたにちがいない。

本章では、この戦国時代の最後の勝利者となった徳川家康の謎を中心に取り上げ、家康の真の人物像に迫ってみたい。

73 徳川家康は本当に源氏の末裔なのか？

徳川家康は、その家伝によれば、清和源氏の嫡流・新田義重の末裔だという。つまり、四大貴姓の一つであり、武家の棟梁である源氏の末裔というわけである。その系図を見ると、ざっと次のようになる。

天下第一の武将といわれた八幡太郎源義家の子・義国が下野に下ったのち、その子・義重が新田氏を称した。新田義重の四男・義季は「徳川（徳河、得川とも書く）」を称し、源頼朝に仕えた。

義季の子・頼氏の六代の孫である有親は、南北朝の争いで追っ手から逃れるために時宗の僧となり、息子の徳阿弥とともに相模に潜伏した。

有親が死んだあと、徳阿弥は諸国を放浪し、やがて三河加茂郡松平郷の郷士・松平信重の女婿となり、還俗して松平親氏と名のった。そして、この親氏の八代の孫が家康にあたるという。

この家伝のとおりであれば、たしかに家康には源氏の血が流れていることになる。しかし、この言い伝えはあくまでも家伝であり、歴史的にはほとんど否定されている。鎌倉幕府の正史である『吾妻鏡』には、御家人として徳川義季・頼氏父子が登場し、徳川氏の存在は認められている。しかし、その子孫が三河の松平氏とつながったことを示す確かな史料はないのだ。

それでは、なぜ家康が源氏の末裔であるということが伝えられるようになったのであろうか？　それは、家康が源氏の姓を執拗に欲したからにほかならない。

家康は今川氏から独立し、さらに三河の一揆も平定したことから、三河の領国経営を確かなものにするために、その権威づけを望むようになった。そこで家康は、正親町天皇に三河守の叙任を懇請した。しかし、天皇が官位を叙すには由緒が必要であった。そのため天皇は、先例がないことを理由に、家康の申し出を拒否した。

それでも家康は叙官をあきらめられず、公家に賄賂を贈って源氏につながる系図を手に入れたのである。そして、家康は「徳川」に復姓したいと願い出た。改姓ではなく復姓である。つまり、家康からすれば、自分は元々源氏の流れをくむ徳川の人間だ、というわけである。

もっともこのときは、叙官のためには源氏より藤原氏のほうが有利ということで、「徳川は元は源氏であるが、途中で藤原氏に替わった」と言って藤原氏の流れであることを強調したという。まさに、叙官のためには源氏でも藤原でも何でもいいという感じである。

こうして、永禄九年（一五六六）、家康は松平から徳川への改姓と、三河守への叙任をゆるされた。そのあとは、源氏と藤原氏を使い分け、藤原家康と署名した文書も残っている。

ところが、征夷大将軍を意識し出すと、やはり源氏でなければならないということで、慶長七年（一六〇二）に源氏になった。これによって、徳川が源氏の流れをくむことが確定し、家康が源氏の末裔ということが流布されるようになったのである。

つまり、家康もまた織田信長や豊臣秀吉と同じように貴姓に執着し、ルーツを由緒正しいものにしようとしたわけである。

家康の先祖は、おそらく徳阿弥という諸国を放浪していた坊主だったにちがいない。しかし、だからといって家康の能力や偉業に傷がつくわけではない。源氏の末裔であろうが、放浪坊主の子孫であろうが、家康が戦国史上に残る傑出した人物であることに変わりはないのである。

むしろ、そうしたことにとらわれて系図を捏造してまで叙官を望んだことのほうが、かえって家康の器量を小さく見せてしまうのではないだろうか。

74 徳川家康は複数いたというのは本当か？

徳川家康は三河岡崎城の城主・松平広忠の嫡子として生まれ、幼名を竹千代といった。その後、八歳から十九歳まで十一年間、今川義元のもとで人質生活を送り、その間に元信、元康と名を改めた。

そして、義元が桶狭間の戦いで討ち死にすると、独立して、名も家康に改めた。さらに、三河の一揆を平定したあと、三河守に叙任され、松平から徳川に改姓した。

以上が、正史に記された、家康が松平竹千代から徳川家康になるまでの足跡である。ところが、明治三十五年に民間史家の村岡素一郎が『史疑徳川家康事蹟』を出版するや、この誰一人疑うことのなかった家康の足跡に疑問符がつくようになった。その著書によれば、家康は三人いたといい、史上有名な家康は松平氏とはまったく血縁のない人物だというのである。

この説によれば、史上家康といわれている人物は、世良田元信という願人《がんにん》坊主だという。願人坊主は加持祈禱をしたりお札を売ったりして諸国を歩く修験者である。

その元信は、岡崎城主の松平元康が家臣に殺されたことに乗じて、自分が元康になり代わった。そして、のちに家康と名を改め、さらに徳川と称し、幕府を開いたというのである。また、人質になった竹千代は家康ではなく、元康の子の信康（史上家康の嫡男といわれている）であるという。

つまり、正史で家康のことと伝えられている竹千代（＝松平信康）、元信（＝世良田元信）、元康（＝松平元康）というのは、それぞれ別の人間であり、三人の家康がいたことになる。

非常に衝撃的で、かつ魅力的な説である。この説を踏まえて、前項で紹介した徳川氏の家伝を見てみると、興味深いところがある。まず、家康が願人坊主だったということは、家康の先祖に徳川氏の流れをくむ徳阿弥という放浪坊主がいたことと符合する。また、元康が家臣に殺されたということは、家康の祖父・清康および父・広忠がともに家臣に殺されたことと符合する。

さらに、興味深いのは、正史によれば、天正七年（一五七九）、家康は信長の命令に従って、妻の築山殿と嫡男の信康を死に至らしめた。その理由は、二人が武田勝頼と通じているというものである。

当時の家康は信長の命令に背くことができない状況にあり、やむなく従ったというが、実の妻子を殺せるものなのだろうか。しかし、これが実の妻子でなく、それどころか自分が元康のすりかわりであることを知っている生き証人であれば、どうであろうか……。

このほか、家康が貴姓を望んだことについても、なぜ徳川を選んだのか謎である。源氏の流れをくむ姓が必要であったのなら、徳川よりもっとメジャーな足利や今川、武田、山名、佐竹などと関連づけたほうが、世間体はよかったと思う。しかし、それも世良田という姓が、徳川同様、上野新田庄内の世良田に始まるものであることを知ると、家康が徳川にこだわったことが理解できるのである。

このように、村岡説から家康の足跡を見直すと、徳川家康という男がいかに謎に満ちた人物であるかがわかるのである。

75 徳川家康はなぜ葵の紋を用いたのか？

徳川家の家紋が葵の紋であることは、テレビ番組「水戸黄門」のおかげもあって、よく知られている。その葵の紋は、より正確に言えば、三枚の葉からなる「三つ葉葵」である。

ところで、家紋というのは家のしるしとしてつける紋章であり、それぞれなんらかの由来や理由がある。

ところが、徳川家の葵の紋については、その由来についていろいろなことがいわれているのだ。その諸説を追っていくと、そこに徳川家（松平家）の歴史、つまり、徳川家康および先祖の歴史が見えてくるのである。それでは、なぜ家康は葵の紋を用いたのか、その諸説を順に見てみよう。

まず一つは、賀茂神社に由来するという説がある。京都の賀茂神社は「葵祭」で知られるように葵を神紋としていた。その賀茂神社の荘園が三河にあったことから、松平氏がその氏人になって葵の紋を用いるようになったという。

実際、松平氏の本拠地は加茂郡松平郷であり、加茂氏の一族が集団で三河に移住したことを想像させる。また、家康の六代前の信光は「参河（三河）源氏賀茂朝臣」と書いた陣旗を使っており、この時期から信光は自らを賀茂氏と称して、賀茂神社の葵の紋を家紋としていたのかもしれない。

もう一説には、三つ葉葵の紋は元は本多家の家紋であったものを、家康が松平家の家紋と交換したという。もっとも、松平家の家紋も葵の紋にはちがいなかったが、三つ葉葵ではなく「三本立ち葵」だった。三本立ち葵は、三枚の葉だけでなく茎も描かれており、木が立っているように見える。

三つ葉葵と三本立ち葵、どちらが風格があるのか品格があるのかはわからないが、家康は本多家の家紋である三つ葉葵のほうが気に入った。そこで家康が松平家の三本立ち葵と交換したという。

家康に望まれれば、譜代大名の本多家としては否応もない。望まれるままに差し出すしかなかっただろう。あるいは家康は、ともに戦い苦難を乗り越えてきた本多家との親密度を示すために、家紋を交換したのだろうか？

そのほかの説として、長年人質生活を送った家康が岡崎城に戻ったときに「再生」の意を込めて三つ葉葵を家紋にしたという説や、家康が自分で考案して使い出したという説などがある。

以上、見てきたように、家康がなぜ葵の紋を徳川家の家紋にしたのかは、いまだにはっきりしない。しかも、あれほど源氏の嫡流にこだわった家康であるのに、源氏とは関係がない紋を用いたのも意外な感じがする。たとえば、足利氏が天皇から賜った「桐」の紋にする気はなかったのだろうか？

ちなみに、慶長十六年（一六一五）、後陽成天皇は家康に「菊」と「桐」の紋を賜ろうとした。ところが、家康は「葵がふさわしい」と言って、これを受けなかったという。家康の葵の紋に対する想いには、いったい何が隠されているのだろうか。

76 徳川家康はなぜ江戸に幕府を開いたのか?

慶長八年(一六〇三)二月、徳川家康は征夷大将軍となり、江戸に幕府を開いた。その翌年の慶長九年(一六〇四)から江戸城の修築および城下町の建設にとりかかり、一大都市を築き上げた。そして、この江戸幕府は慶応三年(一八六七)まで二百六十五年間続く。

ところで、なぜ家康は江戸に幕府を開いたのだろうか? たしかに、豊臣秀吉が小田原征伐で関東の雄・北条氏を破ったあと、江戸は家康の領有となった。しかし、当時の江戸は「江の門戸」の語源どおり、江戸湾に面した低湿地であり、町屋も百軒あるかないかというほどさびれていたという。

関ヶ原の戦いで勝利した家康は、事実上の天下人になった。もはや、日本全国どこに幕府を開こうが、思いのままだった。

たとえば、朝廷のある京都や、日本の中心地である大坂は、天下人が幕府を開くのに最もふさわしいように思える。

実際、朝廷や豊臣秀頼、西国大名の動きを監視し、威圧するには、京都や大坂に

幕府を開いたほうがよかったにちがいない。

あるいはまた、東国にこだわるのであれば、北条氏が覇府としていた小田原を引き継ぐことも、源頼朝が幕府を開いた鎌倉を選ぶこともできたはずである。

それにもかかわらず、わざわざ東国の、開発の遅れた江戸に幕府を開いたのはなぜなのだろうか？

京都や大坂、小田原、鎌倉を選ばなかった理由としては、次のようなことが指摘されている。

まず、朝廷に近い京都や大坂を選ばなかったのは、家康が朝廷と政治権力を分断したかったからだという。つまり、朝廷は家康に征夷大将軍という地位を授け、その権威づけを行うだけの機関であればよく、実際の政治や軍事は武家の棟梁である自分がすべて統治する、というわけである。

その考えは、あえて東国に幕府を開いた源頼朝に通じるものがある。

次に、小田原を選ばなかったのは、東国といっても関東のなかでは西に寄りすぎているからだという。その点、鎌倉のほうが位置的にはよいが、軍事的に見ると、鎌倉の地勢はけっして幕府を開くにはふさわしくないらしい。

その点、江戸は未開な地ではあるが、江戸城を大々的に修築することで軍事的にも幕府を開くのにふさわしい地になり、将来ここが商品の流通や交通の中心地になりうる立地であるという。

以上のような理由によって江戸が選ばれたというわけであるが、もう一つ、ふれておかなければいけない理由がある。

それは、「家康の黒幕」といわれた南光坊天海の存在である。天海は「黒衣《こくい》の宰相」といわれたように、家康の知恵袋として宗教だけでなく政治の面でも発言力の大きかった実力者である。

家康が幕府を開くにあたって、この天海に相談しないわけはなく、そこで天海は得意の「風水」で江戸を勧めたのではないだろうか。実際、江戸は京都御所と同じように「四神相応」の地である。

四神相応とは、東西南北に青龍、白虎《びやっこ》、朱雀《すざく》、玄武の四神が守り、それはそれぞれ、川、大道、池や沢、高山や台地を備えた地形でもある。江戸城の東には隅田川や荒川、江戸川などが流れ、西には東海道がのび、南には江戸湾が開け、北には武蔵野の台地が広がっている。まさに、江戸は四神相応の地なのである。

徳川幕府の未来永劫の発展を願った家康は、天海の知恵を借り、江戸に理想の幕府を開こうとしたにちがいない。

77 加藤清正は徳川家康に毒殺されたのか?

慶長十六年(一六一一)三月二十八日、大坂城を出た豊臣秀頼は、十二年ぶりに上洛の途についた。鳥羽には豊臣恩顧の大名である加藤清正と浅野幸長が出迎え、そこからは秀頼の乗り物の両脇に付き添って、二条城へと向かった。清正も幸長も秀頼の身に何かあれば死ぬ覚悟だった。

二条城に着くと、庭先で徳川家康が出迎えた。そして、二人は客殿で二時間ほど会見したが、その間、清正は自分の刀をじっと見詰めていた。もし、家康が秀頼を亡きものにしようとしたならば、命をかけて阻止するつもりだった。一方の幸長は、会見が無事すむよう神に祈っていた。

会見は無事終わり、秀頼は大坂へ帰った。そして、清正も領国の熊本へ帰ったが、帰路で病気になり、三か月後の六月二十四日、熊本城で亡くなった。享年五十歳。幸長は、清正の死んだ二年後の慶長十八年(一六一三)八月二十五日に死んでいる。こちらは享年三十八歳。

つまり、二条城の会見に立ち会い、秀頼を護衛した二人の戦国大名が数年の間に相次いで亡くなったわけである。会見から二年経過した幸長はともかく、三か月後に死んだ清正については、後世、その死を不審に思い、清正は二条城で家康に毒まんじゅうを食べさせられた、といわれるようになった。

伝えられる史料によると、亡くなる前日の清正の症状は「身もこがれ、くろくなった」そうで、砒素《ひそ》による症状に近いという。

はたして、清正は本当に家康に毒殺されたのだろうか？　もし毒殺されたのだとしたら、清正に家康から命をねらわれるような理由があるはずである。当時の清正はそんなに家康から憎まれたり恐れられたりしていたのだろうか？

清正と家康の関係は、関ヶ原以後も悪くない。家康は十男の徳川頼宣を清正の娘と結婚させているし、徳川秀忠の養女も清正の子に嫁がせている。清正は外様大名ではあったが、家康に重んじられていた、と言ってよいだろう。

ところが清正は、その一方で豊臣家に対する忠義もけっして忘れることがなかった。たとえば、西国大名が駿府や江戸に出かけるときはどこにも寄らずに向かうのに、清正は必ず大坂城に立ち寄り、秀頼のご機嫌をうかがった。

そのあとで駿府や江戸に向かったので、あるとき家康の側近である本多正信に「まっすぐに江戸へ来い」と言われたが、清正は「今日あるのは秀吉公のおかげであり、それなのに大坂に寄らずに江戸にまっすぐ向かうことは忠義に反するので、これだけはやめられない」と平然と言い切った。

これはたしかに、家康にとっておもしろいわけがなく、かつほかの大名に対してもしめしがつかない。いまだに秀吉をひきずっている、こんな男を自由にさせておくのは目ざわりだ、くらいは家康も思ったかもしれない。

しかし、関ヶ原の戦い前夜であればまだしも、多くの豊臣恩顧の大名が家康に臣従したいま、過去の人になった清正が何を言ったところで大勢に影響はなかったのではないだろうか。したがって、家康は毒殺してまで清正を葬ろうとは思わなかったにちがいない。

ちなみに、清正の死因については、「毒殺説」のほかにも「腎虚説」「ハンセン病説」「中風説」などがあり、いまだはっきりしたことはわからない。

78 真田幸村はなぜ大坂の陣に参戦したのか?

戦国史には数多くの武将の名が刻まれているが、真田幸村ほど伝えられるイメージのよい武将はいないのではないだろうか。

戦国武将の多くは、それも一国の領主になればなるほど、後世につくられた美談とはちがって、その素顔は狡猾で残忍な人物が少なくない。実際、そのくらいの人間でなくては戦国の世を生き抜くことはできなかったであろうから、それを悪とか非情とかいう指摘は当たらない。

ところが、真田幸村についてだけは、狡猾さも残忍さも伝わってこない。あるのは戦上手の名将のイメージと、大敵・徳川家康に立ち向かい散っていったはかなさだけである。それは、どこか源義経と相通じるものがあるかもしれない。

慶長十九年(一六一四)十月、紀伊(和歌山県)の高野山の九度山に蟄居《ちっきょ》していた幸村のもとへ、豊臣秀頼が派遣した使者が訪れた。用件は、家康との戦に将として参戦してほしい、というものである。そのための当座の資金として黄金二百枚、銀三十貫目を渡し、勝利のあかつきには五十万石の領国を与えるという。

悪い条件ではない。関ヶ原の戦い以後、領国を六十五万石に減封されたとはいえ、豊臣秀吉の残した金銀財宝を大坂城に貯め込んでいる秀頼だけに、金はある。

実際、幸村の生活は困窮していた。流人暮らしは釣り糸を垂らす毎日というと、のどかな生活を連想するが、実際は幸村に従ってきた近侍のものを食べさせていかねばならず、金がかかった。

幸村が兄の真田信幸に宛てた手紙には、「借金が多くて困っているので急ぎ金を送ってほしい」と書いてある。また、十四年間の流人生活によって、幸村も年をとったらしく、姉婿に宛てた手紙には、「歯が抜けて髭も黒いところはあまりない」と訴えている。あの颯爽としたイメージの幸村はそこにはいない。いるのは歯抜けで白髪頭の初老の男である。

しかし、この一見風采が上がらない中年男が、秀頼の呼びかけに応じた。十月九日の夜、幸村は紀伊国主・浅野長晟《ながあきら》の命令によって自分を見張る庄屋や年寄衆を仏事に招き、さんざん馳走して泥酔させた。そして、夜半、九度山を脱して、翌十日に大坂城に入ったのである。

ところで、幸村はなぜ大坂の陣、それもおよそ勝ち目のない秀頼方（西軍）に味方したのだろうか？ その理由について、前述したように、生活に困窮していたために秀頼が提示した資金と五十万石の領国に釣られたという説がある。あるいはまた、豊臣家への御恩を返すために味方したともいう。

しかし、いずれも当たらないと思う。領国を望むのであれば、勝ち目のない秀頼方ではなく家康方（東軍）についたほうがよいに決まっている。また、豊臣家への御恩というのは幸村にはない。

そこで、今回もまた関ヶ原の戦いのときのように、万が一、東軍が敗れたときに真田家が断絶してしまうのを避けるため、あえて西軍についたという説もある。父の昌幸であれば考えそうなことであるが、幸村はそこまで家名の存続を第一に考えただろうか。

結局、幸村は死に場所を求めたのだと思う。十四年の流人生活で幸村は何を思ったか。このまま歯が抜け髪が白くなり老いていく自分に耐え切れなかったのではないだろうか。

そこへ願ってもない戦の話が飛び込んできた。それもかつて敗れた家康が相手である。相手に不足はないし、最後の一花を咲かす絶好の機会と思ったにちがいない。このとき四十七歳の中年・幸村の胸のなかに、十四年ぶりに熱い炎が燃え上がったのである。

79 徳川家康は大坂夏の陣で死んだのか？

慶長十九年（一六一四）十月十二日に始まった大坂冬の陣は、十二月四日、真田幸村の軍勢が徳川家康方の松平忠直や前田利常、井伊直孝の軍勢に大打撃を与えるなどして、圧倒的に劣勢だった豊臣秀頼方が思いのほか奮戦した。一方、家康は早くから和平交渉を進め、十二月二十日に和議が成立。

ところが、家康は和議の約束を破って、大坂城の外堀だけでなく内堀まで埋めてしまった。これに豊臣方が怒り、翌年の元和元年（一六一五）四月、両軍は再び戦火を交えた。大坂夏の陣である。

この戦いでも幸村は善戦し、一時は家康に自害を決意させるところまで追いつめたが、あと一歩及ばず、五月七日、戦場に近い神社で休息をとっているところを西尾仁左衛門に槍で突かれ絶命した。

また、その前日の六日には天下無双の豪傑といわれた後藤基次（又兵衛）も討死にした。五月八日、秀頼は母の淀殿とともに自刃し、夏の陣は終わった。

以上が、正史に伝わる大坂の陣のあらましである。ところが、これには昔から、

さまざまな異説がある。そして、それらの異説が正しければ、伝えられる戦国史、とくに徳川史はまったく別のものになってしまうのである。

異説によれば、幸村も基次も夏の陣で死んではおらず、秀頼とともに大坂城を脱出したという。それだけでなく、夏の陣で死んだのは家康のほうであるというのだ。

はたして、幸村や秀頼は本当に生存したのだろうか？　また、家康は本当に死んだのだろうか？

異説をもう少し詳しく紹介すると、五月七日、幸村は東軍の本営に襲いかかった。「われこそは幸村なり」と大声をあげながら飛び込んでくる武者を倒すと、すぐにまた「われこそは幸村なり」という武者が襲ってくる。

こうして幸村の影武者が次々と襲いかかり、本営は混乱し、家康は切腹を覚悟するほどだった。

それでも、なんとかわずかな家臣に守られながら逃げると、葬列に出会った。そこで、家臣は家康を棺桶に入れて脱出しようとしたが、基次に見つかり、棺桶に槍を突き入れられた。

槍は家康の体をつらぬいたが、声を殺して逃げた。しかし、傷は深く、堺まで逃げてきたときには息がなかった。そこで家臣は、家康の遺体を南宗寺の一角に葬ったという。

つまり、死んだと伝えられる幸村も基次も、死んだのは影武者であり、逆に家康こそ命を落としたというわけである。それを裏づける話として、戦後、幸村の首を叔父の真田信尹《のぶただ》が首実検したが、最後まで「よくわからない」と言っていたという。結局、兜が幸村のものだったので、本人の首としたというのである。

また、家康の死については、大坂夏の陣の八年後の元和九年（一六二三）、家康の子である秀忠と、その子の家光が相次いで南宗寺を参詣したという。

さらにまた、秀頼については、五月八日に自刃したあと、近臣が爆薬を仕掛けたために遺骸はどれも黒くこげ、識別不能だったという。

よって、のちに「花のような秀頼様を　鬼のような真田が連れて　退きものいたり鹿児島へ」という歌が京大坂で流行したように、秀頼一行は鹿児島へ逃亡したというのである。そして、鹿児島にはまた、その後の秀頼の行状を伝える話があり、「秀頼生存説」は根強く存在する。

こうした幸村、基次、秀頼らの英雄生存説が伝えられることについて、一般には、京や大坂で家康が嫌われていたという事実があり、それが、英雄生存説だけでは終わらず、「家康死亡説」まで生み出した、と解釈されている。

しかし、これらの言い伝えのなかには、必ずしも根拠のない話とばかり片付けられない話もある。そこには、正史には載せられなかった史実が隠されている可能性もあるのだ。

80 徳川家康の死因は何か？

大坂夏の陣で豊臣秀頼を葬り、後顧の憂いをなくした翌年の元和二年（一六一六）四月十七日、徳川家康はその七十五年の生涯を閉じた。同じ天下人の豊臣秀吉が六十三歳で死んだのとくらべると、十年以上も長生きしている。

しかも、秀吉の晩年が年齢以上に老け込み、かつ頭脳も明晰ではなくなり、ひどく耄臭かったのに対し、家康は死の直前まで死後のことを細かく指示し、最後は自分の遺体を西に向けて安置するように命じ、西国の外様大名へのにらみをきかせることを忘れなかった。秀吉とは大変なちがいである。

ところが、その家康の死因については、これまた秀吉同様、はっきりしていないところがある。七十五歳という年齢を考えると、当時では大往生なのかもしれないが、一説には中毒死ともいわれている。

この説によれば、元和二年の一月二十一日、家康は駿河田中（静岡県藤枝市）まで鷹狩りに出かけた。そこへ家康と親しい豪商の茶屋四郎が訪れ、「最近、上方では胡麻油で揚げた鯛にニンニクをすりかけて食べるのが流行《はや》っています」と話した。

すると、食通の家康はそれに興味を示し、早速、鯛を取り寄せて食べた。家康はたいそう気に入ったらしく、いつもの食事の量より多く食べたが、やがて急に腹痛に襲われた。

家康はまた、ふだんから健康管理に余念がなく、医学知識も豊富で、「万病丹《まんびょうたん》」という薬を自分で調剤するほどだった。その日は万病丹によってなんとか痛みは癒えたが、翌日から病状は悪くなったり良くなったりを繰り返し、病床生活が続いた。そして、ついに快癒することなく息をひきとったのである。

家康が食べた料理というのは、今日でいう「天ぷら」のようなものであろう。これが単純に、年齢の割に食べすぎて体調を崩したというのであれば、あり得ない話ではない。ところが、これが中毒死となると、少し話がややこしくなってくる。

中毒の毒とは何か？　鯛が古かったのだろうか？　天下の大御所が食べる鯛にそんなものを用意するとは考えにくい。食材や料理には問題がなかったと思う。となれば、別に毒を加味したことになろう。つまり、中毒死というのは毒殺だったのかもしれないのである。

それでは、なぜ鷹狩りの場で家康を毒殺しなければならなかったのか？　また、誰が毒殺したのか？

その答えは、前項で述べた大坂夏の陣の「家康死亡説」に関係してくる。死亡説によれば、家康は夏の陣で逃走中に後藤基次に槍で突き刺され、その傷がもとで亡くなった。重臣らは家康の死を秘すために、堺の南宗寺の一角に遺体を葬った。しかし、それだけでは家康の死を隠すことはできない。替え玉が必要である。

そこで、重臣のうちの一人が家康によく似た男を密かに探し回り、ついに瓜二つの農民を連れてきた。これを城内で徹底的に教育し、家康になりすませたのだが、いつまでも隠し切れるものでないことと、大坂城が落城したことで天下も安定したことから、偽家康を抹殺したというのである。

つまり、中毒死した家康は本物の家康ではなく偽者の家康だというわけである。本物の家康は一年前の夏の陣で死んでいるので、そうなると、先に述べた「家康は三人いた」という説に、もう一人加えなければならないだろう。

しかし、考えてみれば、本物の家康にしても、その昔、松平元康になりすました偽者だったかもしれないのだ。そのなりすました偽者が本物の家康になり、最後は偽者に替わられたかもしれないのである。

本書は、書き下ろし作品です。

著者紹介
三浦　竜（みうら　りゅう）
1952年、東京・浅草生まれ。中央大学法学部卒業後、出版社に勤務。編集者を経て執筆業に専念。以来、歴史・文化をはじめ博識に裏打ちされた硬軟自在の作風で作家活動を展開している。
とりわけ歴史推理の醍醐味を存分に引き出す筆力には定評があり、『「古墳」の暗号』『いまだ解けない日本史の中の恐い話』『〈日本史の迷宮〉いまだ解けざるミステリー（古代～中世　失われた真実編）』『同（戦国～近世　消された真相編）』（以上、青春出版社）などを通して、多くの日本史ファンを魅了している。

PHP文庫　戦国武将・闇に消されたミステリー
いまだ解けない80の謎

2005年5月23日　第1版第1刷

著者　三浦竜
発行者　江口克彦
発行所　PHP研究所
東京本部　〒102-8331　千代田区三番町3番地10
文庫出版部　☎03-3239-6259（編集）
普及一部　☎03-3239-6233（販売）
京都本部　〒601-8411　京都市南区西九条北ノ内町11
PHP INTERFACE　http://www.php.co.jp/
制作協力
組版　PHPエディターズ・グループ
印刷所
製本所　図書印刷株式会社

ISBN4-569-66407-5

PHP文庫

池波正太郎　霧に消えた影
池波正太郎　信長と秀吉と家康
池波正太郎　さむらいの巣
大島昌宏　結城秀康
岡本好古　韓信
小川由秋　真田幸隆
風野真知雄　陳平
加野厚志　島津義弘
狩野直禎　諸葛孔明
神川武利　秋山真之
神川武利　伊達宗《むね》城《なり》
川口素生　戦国時代なるほど事典
菊池道人　斎藤一《はじめ》
紀野一義 文　入江泰吉 写真　仏像を観る
楠木誠一郎　石原莞爾
黒岩重吾　古代史の真相
黒岩重吾　古代史を読み直す
黒鉄ヒロシ　新選組
黒鉄ヒロシ　坂本龍馬
黒鉄ヒロシ　幕末暗殺

黒部亨　宇喜多直家
郡順史　佐々成政
近衛龍春　織田信忠
佐竹申伍　島左近
佐竹申伍　真田幸村
重松一義　江戸の犯罪白書
芝豪　太《たい》公《こう》望《ぼう》
嶋津義忠　上杉鷹山
関裕二　大化の改新の謎
高野澄　井伊直政
高橋克彦　風の陣［立志篇］
武光誠　古代史大逆転
太佐順　陸《りく》遜《そん》
立石優　范《はん》蠡《れい》
柘植久慶　戦場の名言録
寺林峻　エピソードで読む黒田官兵衛
童門冬二　上杉鷹山の経営学
戸部新十郎　忍者の謎
戸部新十郎　信長の合戦
中江克己　お江戸の意外な生活事情

中江克己　お江戸の地名の意外な由来
中島道子　柳生石舟斎宗厳《むねよし》
中島道子　松平春《しゅん》嶽《がく》
中津文彦　歴史に消された「18人のミステリー」
中村晃　直《なお》江《え》兼《かね》続《つぐ》
野村敏雄　小早川隆景
野村敏雄　秋山好古
葉治英哉　張良
花村奨　前田利家
羽生道英　伊藤博文
浜野卓也　黒田官兵衛
半藤一利　ドキュメント 太平洋戦争への道
半藤一利　レイテ沖海戦
星亮一　浅井長政
松田十刻　東条英機
松田十刻　沖田総司
三戸岡道夫　保科正之
八尋舜右　竹中半兵衛
山村竜也　新選組剣客伝
竜崎攻　真田昌幸